# VENDA!

# Dale Carnegie
### e Associados

# VENDA!

## Como fazer os seus clientes terem vontade de comprar

Título original: *Sell! The Way your Customers Want to Buy*

Copyright © 2019 por Dale Carnegie & Associates
Copyright da tradução © 2023 por GMT Editores Ltda.

Todos os direitos reservados. Nenhuma parte deste livro pode ser utilizada ou reproduzida sob quaisquer meios existentes sem autorização por escrito dos editores.

*tradução:* André Fontenelle
*preparo de originais:* Pedro Siqueira
*revisão:* Luis Américo Costa e Tereza da Rocha
*diagramação:* Ana Paula Daudt Brandão
*capa:* Rodrigo Rodrigues
*impressão e acabamento:* Bartira Gráfica

CIP-BRASIL. CATALOGAÇÃO NA PUBLICAÇÃO
SINDICATO NACIONAL DOS EDITORES DE LIVROS, RJ

D141v
    Dale Carnegie e Associados
      Venda! / Dale Carnegie e Associados ; tradução André Fontenelle. - 1. ed. - Rio de Janeiro : Sextante, 2023.
    224 p. ; 21 cm.

      Tradução de: Sell! : the way your customers want to buy
      ISBN 978-65-5564-631-3

      1. Vendas - Administração. 2. Clientes - Contatos. 3. Satisfação do consumidor. 4. Sucesso nos negócios. I. Fontenelle, André. II. Título.

23-83094

CDD: 658.812
CDU: 658.818.2

Meri Gleice Rodrigues de Souza - Bibliotecária - CRB-7/6439

Todos os direitos reservados, no Brasil, por
GMT Editores Ltda.
Rua Voluntários da Pátria, 45 – 14.º andar – Botafogo
22270-000 – Rio de Janeiro – RJ
Tel.: (21) 2538-4100
E-mail: atendimento@sextante.com.br
www.sextante.com.br

# Sumário

Prefácio por Joe Hart … 7
Dale Carnegie: a nova geração
(E por que você precisa ler este livro) … 9
Cinco coisas que este livro vai ajudar você a conseguir
(e que não têm nada a ver com vendas) … 15
Os 30 princípios de Dale Carnegie … 17
Como aproveitar ao máximo este livro … 19

## PARTE UM
## Conhece a ti mesmo

1. O que você está vendendo? … 25
   Lições do capítulo 1 … 37
2. Credibilidade pessoal … 39
   Lições do capítulo 2 … 52
3. Valor (Você já está atrasado para a festa) … 53
   Lições do capítulo 3 … 60

## PARTE DOIS
## O processo de venda de Dale Carnegie

4. O relacionamento tem prioridade … 63
   Lições do capítulo 4 … 66
5. Conecte-se … 67
   Lições do capítulo 5 … 91

| | |
|---|---|
| 6. Colabore | 93 |
| Lições do capítulo 6 | 103 |
| 7. Crie | 105 |
| Lições do capítulo 7 | 120 |
| 8. Confirme | 121 |
| Lições do capítulo 8 | 140 |
| 9. Feche a venda | 141 |
| Lições do capítulo 9 | 162 |
| 10. Desastres, erros e problemas | 163 |
| Lições do capítulo 10 | 169 |

## PARTE TRÊS
**Como ganhar o jogo mental das vendas**

| | |
|---|---|
| 11. OQDCF? | 173 |
| 12. *Don't worry, sell happy* | 181 |
| 13. Não afunde seu barco | 187 |
| | |
| Algumas conclusões | 193 |
| Dicas de vendas de Dale Carnegie | 195 |
| Prova final | 199 |
| A caixa de ferramentas de Dale Carnegie | 203 |
| Agradecimentos | 220 |
| Notas | 221 |

# Prefácio

Em 1995 eu era um jovem advogado e tinha acabado de me inscrever em meu primeiro curso de Dale Carnegie. Meu interesse por aprimoramento pessoal vinha desde a leitura de *Como fazer amigos e influenciar pessoas*. Meu pai tinha me chamado a atenção para Dale Carnegie e aquele livro, mas ao iniciar o curso eu não sabia exatamente o que esperar. Nas aulas havia uma aluna tão nervosa que no início ela não conseguia nem se levantar e dizer o próprio nome. No final, ela estava transformada e muito mais confiante.

Aquele curso também transformou minha vida, e não apenas porque eu acabaria me tornando o CEO da Dale Carnegie Training. Dali em diante, passei a me enxergar de outra maneira. Abri meu próprio negócio; passei a interagir com as pessoas de outra forma. Elas vinham até mim dizendo: "O que aconteceu, Joe? Você anda tão mais confiante!" Comecei a viver literalmente segundo os princípios de Dale Carnegie.

Esses princípios são os mesmos que você vai encontrar em *Venda!*. É possível assimilá-los. Acredito piamente que qualquer pessoa pode aprender a vender. Não se trata de um talento mágico, com o qual se nasce. Mesmo que você já tenha talento natural para vendas, dispor de um recurso ao qual possa recorrer o tornará muito mais eficiente, como você aprenderá com alguns grandes vendedores neste livro.

Afirmei em uma entrevista para o jornal *Japan Today*:[1] "Quando viajo mundo afora, as pessoas me falam do impacto que Dale Carnegie teve sobre elas, qualquer que seja seu idioma, sua cultura, sua geração, sua etnia. É muito poderoso. A metodologia central do curso de Dale Carnegie é a mesma em todos os lugares do mundo. A nossa forma de certificar os nossos treinadores e a forma como os cursos são ministrados são as mesmas. O que torna nossa instituição de treinamento única é que não importamos treinadores. Isso faz com que nossos treinadores incorporem de maneira intrínseca o contexto e as práticas comerciais locais. Em alguns casos, como no Japão, as empresas querem treinamento americanizado para seu pessoal, porque eles trabalham muito fora do Japão."

Essa é a essência de *Venda!*. O livro que você tem em mãos apresenta os mesmos princípios centrais que ensinamos no mundo inteiro, que deram certo na nossa organização e em milhares de outras mundo afora. A beleza dos princípios de Dale Carnegie é que eles são fáceis de ensinar e de personalizar. E realmente ajudam as pessoas a melhorar suas vidas. É por isso que sou tão apaixonado pelo que faço.

*Joe Hart,*
*presidente e CEO da Dale Carnegie Training*

# Dale Carnegie: a nova geração
## (E por que você precisa ler este livro)

*Nova York, 1912*

No mesmo ano em que o *Titanic* bateu no iceberg, Dale Carnegie começou a dar aulas de oratória na Associação Cristã de Moços (ACM) no Harlem, bairro de Nova York. Ele tinha convencido o diretor da ACM a deixá-lo organizar uma turma em troca de 80% do faturamento líquido.[2] Dale Carnegie estava começando aquilo que viria a ser seu curso clássico de relações humanas. O enorme sucesso de seu treinamento o levaria a publicar *Como fazer amigos e influenciar pessoas* em 1936. Dale acreditava que, se conseguisse "ajudar as pessoas a exercer os próprios e desconhecidos poderes", ele não teria vivido em vão.

Isso, claramente, foi muito tempo atrás. Muita coisa mudou no nosso mundo, mas também existem muitas coisas que não mudaram. Dale Carnegie criou todo um setor de desenvolvimento pessoal e mudou a forma de escrever livros sobre negócios.

Na verdade, *Como fazer amigos e influenciar pessoas* é um best-seller até hoje, sendo o 11º livro mais vendido de todos os tempos pela Amazon. Qual a razão disso? Por que, entre os 52 milhões de livros que são vendidos pela Amazon, o clássico de Dale Carnegie mantém seu frescor?

É porque existem algumas coisas que nunca saem de moda. Admitir estar errado, lutar para causar uma boa impressão e dar feedback positivo são ideias atemporais que precisam ser passadas de geração a geração. A natureza humana não mudou, nem os princípios que levam a adquirir confiança, comunicar-se de forma eficiente e influenciar e liderar pessoas. Os princípios de Carnegie são atemporais, e suas fórmulas para levar uma vida com propósito, sucesso e sabedoria continuam a ser passadas adiante.

Hoje em dia, o legado de Dale Carnegie está mais forte do que nunca. Com um exército de mais de 8 milhões de diplomados, os 2 mil treinadores profissionais de Dale se dedicam com paixão a revelar o potencial intrínseco de pessoas, equipes e organizações em mais de 90 países e mais de 38 idiomas.

*Nova York, final de 2018*

Quando estava começando minha carreira, eu já sabia que queria fazer algo ligado a relacionamentos. Comecei em cargos de gestão de contas e retenção de clientes na Audible, empresa do setor de equipamentos de som. Eu cuidava dos clientes após a assinatura do contrato e me certificava de que eles tivessem tudo de que precisavam e que todos os problemas fossem resolvidos ou tratados. Depois de algum tempo, pedi para assumir um cargo que tivesse mais a ver com prospecção de vendas, mas sem deixar de lidar com gestão de contas.

Isso me assustava um pouco, por alguns motivos. O primeiro deles é que eu ficava apavorada com a ideia de falar em público. Nas aulas da faculdade, quando me levantava para falar na frente de todos, eu ficava totalmente paralisada, e em vendas você precisa dirigir-se o tempo todo a grupos de pessoas, seja para vender seu peixe, para fazer apresentações de PowerPoint ou para convencer clientes em potencial de que precisam ou desejam algo.

Em segundo lugar, sempre enxerguei o pessoal de vendas como pessoas pouco autênticas ou não transparentes. Eu não queria entrar em um negócio em que executar minhas funções, por mais importante que fossem, significasse colocar o cliente em segundo plano, pressionando-o a comprar algo que não era o ideal para ele e sabendo que mais adiante isso resultaria em um cliente irritado – e que não permaneceria fiel a longo prazo.

Depois de refletir um pouco, resolvi investigar quais cursos no mercado poderiam me ajudar. Já tinha ouvido falar de Dale Carnegie e depois de ler alguns comentários decidi ir à procura do curso de vendas. Acabei escolhendo um curso de três dias em Nova York e concluí que lá eu decidiria se as vendas eram o caminho certo para mim.

Lembro como fiquei nervosa a caminho do primeiro dia de aula. Achei que ficaria cercada por vendedores com anos de experiência. Não queria ser a caloura da classe, despertando olhares de dó por fazer perguntas estúpidas. Eu também tinha uma tonelada de perguntas passando pela cabeça: será que quero seguir o caminho das vendas? Será que esse curso vai me fazer repensar toda a minha carreira? Será que Dale vai me transformar em uma vendedora de fala mansa, capaz de fazer qualquer pessoa comprar qualquer coisa por qualquer valor?

Ao chegar à sala de aula e conversar com as pessoas, vi que minha ideia de que aqueles alunos seriam como os investidores de *Shark Tank* estava muito longe da realidade. Lá estava eu com um grupo de pessoas incríveis; todas elas vinham de setores diferentes, com todo tipo de experiência com vendas.

Ao longo daqueles três dias, minha confiança em minha capacidade como vendedora decolou. Passei de achar que nunca poderia trabalhar com vendas a alguém empolgada em poder voltar à própria empresa para assumir esse novo desafio.

Um dos pontos do *Golden Book* (Livro de Ouro) de Dale Carnegie para fazer as pessoas aderirem a seu modo de pensar é o princípio 20: "Dramatize suas ideias." Isso mudou meu jeito de vender. Algumas semanas depois do curso, eu estava trabalhando com um cliente em potencial; depois de ouvi-lo falar sobre seus problemas, eu soube que meu produto seria perfeito para ele. Usando o que eu tinha aprendido no curso, fui capaz de pintar para ele um panorama de como meu produto ia resolver seus contratempos. Isso não apenas o deixou empolgado como ampliou a dimensão do negócio, tornando-o nosso maior cliente na época.

Saí do curso de Dale não apenas sabendo que eu queria trabalhar com vendas, mas com um ímpeto apaixonado de dominar o mundo das vendas. Voltei para minha empresa, acabei acrescentando a prospecção de vendas a meu currículo e, em apenas seis meses, me tornei a vendedora número um da equipe e fui promovida a gerente de vendas.

Dale Carnegie me ajudou a refinar minhas habilidades de relacionamento e também a converter em palavras minha paixão pelos produtos que vendo, de modo a fazer os outros se apaixonarem também. Meu *Golden Book* está na minha mesa desde o dia em que venci esse desafio. É um lembrete de que posso ser autêntica, transparente e, ao mesmo tempo, uma boa vendedora, e serei eternamente grata por isso.

*Samantha Finn,*
*profissional de vendas, Audible*

## Por que você precisa ler este livro?

Você ainda deve estar se perguntando: "Por que precisamos de mais um livro sobre vendas? Já existem centenas no mercado!"

Primeiro, você pode ampliar seu potencial de ganhos aprendendo ideias e métodos originais, os maiores de todos os tempos. Todo o resto que há no mercado veio depois de Dale Carnegie, e muita coisa é derivada de seu trabalho. Os programas de treinamento de Dale são oferecidos há 100 anos e foram evoluindo ao longo do tempo. Hoje são ministrados em mais de 38 idiomas e mais de 90 países.

Ele tem gráficos, modelos e formulários úteis? Sim.

Mas este livro tem algo que você não vai encontrar em nenhum outro: histórias reais dos maiores profissionais de vendas e dos mais bem avaliados coaches de profissionais de vendas, que não se tornam coaches sem antes lutar nas trincheiras.

Acha que estamos exagerando? Não importa em que país você esteja – Argélia, Inglaterra, Trinidad e Tobago, França, Chipre, Japão, Romênia, Alemanha, Ilhas Maurício, Brasil, Tunísia. Haverá profissionais de vendas e treinadores de Dale Carnegie em praticamente qualquer lugar do planeta. Os treinadores trabalham com milhares de empresas de todos os setores imagináveis. É bem provável que você já tenha comprado alguma coisa de um vendedor que usa nosso método sem ter se dado conta.

O que isso significa no seu caso? Significa que nós sabemos – e você vai aprender neste livro – por que tomar café em uma reunião de vendas no Catar não tem nada a ver com café. Você vai descobrir o que significa quando um cliente potencial diz "sim" no Japão (dica: *não* significa que você fechou a venda).

Em segundo lugar, você vai aprender exatamente o que seus clientes e clientes em potencial estão buscando quando o procuram como profissional de vendas – e não é o que os livros ou os gurus de vendas da atualidade proclamam. Isso porque nossas pesquisas recentes contrariam algumas das ideias e abordagens de vendas que se tornaram populares nos últimos anos e minimizam a importância dos relacionamentos, da confiança e da eficiência pessoal.

Em terceiro lugar, você vai obter um desempenho excelente aprendendo que as vendas seguem um padrão previsível, que você pode explorar para vender mais. Clientes de todos os setores transformaram seus hábitos quando passaram a pesquisar informações que hoje estão pronta e rapidamente disponíveis – empoderando-se para tomar as decisões certas. Eles estão mais bem informados e mais confiantes antes mesmo de entrar em contato com você. O modelo Carnegie de vendas vai lhe ensinar as habilidades necessárias em cada etapa da compra para que você conquiste a confiança e o respeito de seus compradores.

Por fim, você vai aprender princípios que ajudarão não apenas em vendas, mas em sua vida pessoal e profissional, onde quer que você se encontre em sua jornada de aprendizado. Os princípios de Dale Carnegie serão listados nas próximas páginas e servirão de referência para todo o livro. Entre eles, por exemplo, estão o princípio 17, "Tente honestamente enxergar as coisas do ponto de vista do outro", e o princípio 8, "Fale sobre assuntos que interessam ao outro". Eles vão fazer você parar para pensar, se autoavaliar e fazer as coisas de outro jeito, de modo a atingir seus objetivos.

Afinal de contas, foi para isso que você comprou este livro, não foi?

# Cinco coisas que este livro vai ajudar você a conseguir
## (e que não têm nada a ver com vendas)

1. Aumentar sua influência.
2. Tornar-se um contador de histórias melhor.
3. Aumentar sua confiança.
4. Lidar facilmente com reclamações, críticas e feedback negativo.
5. Construir relacionamentos mais fortes.

# Os 30 princípios de Dale Carnegie

## Inspire confiança em seus relacionamentos

1. Não critique, não condene, não reclame.
2. Faça elogios honestos e sinceros.
3. Desperte no outro um desejo ardente.
4. Desenvolva um interesse genuíno pelos outros.
5. Sorria.
6. Lembre-se de que o nome de alguém é, para a pessoa, o som mais agradável e mais importante de qualquer idioma.
7. Seja um bom ouvinte. Encoraje os outros a falar de si mesmos.
8. Fale sobre assuntos que interessam ao outro.
9. Faça o outro se sentir importante – e seja sincero.

## Influencie os outros: leve-os a pensar como você

10. A única forma de se dar bem numa discussão é evitando-a.
11. Demonstre respeito pela opinião alheia. Nunca diga "Você está errado".
12. Se estiver errado, admita depressa e de maneira enfática.
13. Comece sendo amigável.

14. Faça com que o outro diga "sim" imediatamente.
15. Deixe o outro falar durante a maior parte da conversa.
16. Deixe a outra pessoa sentir que a ideia é dela.
17. Tente honestamente enxergar as coisas do ponto de vista do outro.
18. Demonstre compaixão e compreensão diante das ideias e dos desejos do outro.
19. Apele para motivos mais nobres.
20. Dramatize suas ideias.
21. Lance um desafio.

## Seja um líder

22. Comece com elogios e reconhecimento sincero.
23. Aponte os erros alheios de forma indireta.
24. Fale sobre seus próprios erros antes de criticar o outro.
25. Faça perguntas em vez de dar ordens diretas.
26. Preserve a dignidade do outro.
27. Elogie todos os progressos, mesmo o menor deles. Seja caloroso ao demonstrar reconhecimento e pródigo nos elogios.
28. Dê ao outro uma bela reputação para manter.
29. Encoraje. Faça o erro parecer fácil de corrigir.
30. Faça o outro se sentir feliz por fazer aquilo que você sugere.

# Como aproveitar ao máximo
## este livro

Assim como Dale Carnegie escreveu um capítulo sobre como aproveitar ao máximo *Como fazer amigos e influenciar pessoas*, consideramos útil, como leitores, receber algumas dicas sobre como aproveitar ao máximo este livro. Por quê? Porque não basta apenas ler alguma coisa para melhorar nosso desempenho.

Eis aqui, portanto, nossas dicas:

1. Melhore seu desempenho com nosso comprovado processo de três etapas. Demos a ele o nome de *caminho da mudança de desempenho*.

   - **Autoavalie-se.** Ninguém muda a menos que queira realmente mudar. Seu caminho rumo ao desempenho de excelência começa pela simples constatação de que você só vai mudar se estiver emocionalmente apto a isso. Você comprou este livro; logo, tem o desejo de melhorar. Nas próximas páginas, enquanto o lê, terá oportunidade de avaliar suas atitudes e habilidades. Se estiver pronto, será franco consigo mesmo. Os melhores vendedores costumam iniciar sua rota até o topo quando se dão conta de que é preciso adotar uma mentalidade de "Por que não eu?" aliada a um desejo de melhoria constante e uma autoavaliação franca. Por que não *você*?

- **Vivencie o aprendizado.** Fazer um programa de treinamento de Dale Carnegie é uma experiência intensa e eficaz, e milhões de formandos dizem que é um aprendizado capaz de transformar vidas. Ler este livro também pode transformar a sua vida, desde que você coloque em prática o que recomendamos. Por isso, pratique no mundo real o que aprender aqui. Peça feedback do seu chefe ou de um mentor de confiança à medida que experimenta novas habilidades ou una-se a seus colegas para aprenderem juntos. Para vivenciar o aprendizado, é preciso ter uma experiência social sincera.

- **Insista no aprendizado.** É fácil esquecer o que foi aprendido e recair em antigos vícios. Reserve desde já algum tempo em sua agenda para, todo dia ou a cada dois dias, praticar as novas habilidades e os métodos recomendados neste livro. Peça ajuda a seu chefe imediato. Conte a ele os seus sonhos e objetivos. Você ficará surpreso ao perceber quanto as pessoas à sua volta vão apoiá-lo quando você reconhecer as próprias fraquezas e se esforçar o tempo todo para melhorar.

2. Leia primeiro a última página de cada capítulo. É um panorama dos conceitos-chave. Isso não quer dizer que você pode achar que já sabe o que há no capítulo e pulá-lo. Cada capítulo é repleto de histórias e dicas que você achará úteis mesmo já tendo captado a ideia básica. Se ler o resumo antes de começar, você reforçará seu aprendizado quando ler o capítulo inteiro pela primeira vez – matando dois coelhos com uma cajadada só!

3. Em seguida, volte e leia o capítulo do começo. Se estiver com um leitor de e-books, fique à vontade para usar sem moderação o marcador de texto e os favoritos. Mesmo que você nunca volte a ler aquilo, marcar e favoritar são formas de dizer ao seu cérebro: "Isso é importante. Lembre-se disso." Se estiver com o livro físico, faça quantas marcações quiser. Este livro é SEU. Faça anotações, marque as páginas, desenhe emojis e carinhas sorridentes nas páginas. Não o encare como um manual precioso a ser preservado. Pense nele como um livro escolar.

4. Pare no final de cada capítulo e pergunte a si mesmo se é melhor ler de novo ou passar para o próximo. Às vezes, a repetição imediata da leitura fixa mais a informação no seu cérebro.

5. Conte aos outros o que você leu. Descrever ideias a outra pessoa é uma ótima forma de consolidar o que você está aprendendo.

6. Quando terminar de ler este livro, leia-o de novo. Você pode simplesmente dar uma olhada nos trechos marcados e favoritados ou reler tudo de ponta a ponta – do jeito que for melhor para você. Assim como provavelmente você assistiu várias vezes à série *The Office*, ler este livro várias vezes vai lhe permitir relacionar-se com o material de uma forma diferente a cada vez.

7. Por fim, faça a relação entre o conteúdo e sua vida. Ao ler as histórias, pergunte a si mesmo: "O que eu teria feito nessa situação? Alguma coisa assim já aconteceu comigo?" Aprenda com seus erros, aplauda seus êxitos e foque na melhoria pessoal constante.

8. Poste as lições mais importantes de cada capítulo com a hashtag #DaleCarnegieTraining no Facebook, Twitter, Instagram ou LinkedIn. "Ensinando" aos outros, você vai reter as habilidades muito mais rápido!

Como disse Dale Carnegie: "O conhecimento não é poder enquanto não for aplicado."

## PARTE UM

# Conhece a ti mesmo

# 1

# O que você está vendendo?

Mike Peters entrou no carro, desolado. *O que estou fazendo de errado?*, pensou. Ele achava que tinha feito tudo certo para conseguir a venda. Não era um novato na área. Estava naquilo havia 20 anos. Mas ultimamente vinha sendo cada vez mais comum que após um encontro profissional, Mike voltasse para o carro, tendo ouvido um "Vamos pensar mais e qualquer coisa entramos em contato", que ele sabia ser o beijo da morte para o sucesso da venda.

Enquanto ligava o carro, ele repassou mentalmente a reunião. Tinha construído o relacionamento falando das coisas que havia visto no escritório do cliente e no perfil do LinkedIn. Tinha feito perguntas que revelavam os objetivos e dificuldades do cliente, e fez outras perguntas para levá-lo a entender a necessidade de mudança. Apresentou seu produto como a solução para o problema do cliente, rebateu as objeções, explicou as características do produto e relacionou-as a cada um dos problemas do cliente. Por fim, quando achou que era a hora certa, propôs o negócio. Foi assim que lhe ensinaram, e foi assim que ele realizou vendas de forma constante ao longo de uma carreira razoavelmente bem-sucedida.

Ainda na estrada, a caminho do escritório, Mike já sabia o que ia acontecer. Ele ia ligar de volta para o cliente, agradecendo por seu tempo e se dispondo a tirar quaisquer dúvidas. Mas ao chegar ao carro já sabia que não conseguiria a venda. Provavelmente o sujeito já estava na internet procurando uma solução mais barata e mais rápida do que a proposta por ele.

Balançando a cabeça, frustrado, Mike disse em voz alta, sozinho no carro: "Aproveite, vendedor aleatório da Amazon. Fiz todo o serviço sujo para você, e é você quem vai ficar com a venda."

Provavelmente agora você está lendo isso e refletindo sobre o que teria feito de um jeito diferente. Talvez esteja pensando: "Eu teria feito o follow-up ainda de dentro do carro." Ou: "Ele devia ter acelerado o processo. O importante é criar o relacionamento."

Talvez você tenha razão. Na verdade, você *tem* razão. Mas não foi por isso que Mike perdeu a venda. Mike perdeu a venda porque se esqueceu do que estava vendendo. O que *você* está realmente vendendo?

É um produto ou um serviço?

É uma solução para os problemas do seu cliente? Um relacionamento?

Acreditamos que a resposta é "não". Você poderia até acabar fechando essa venda. Mas o que você está vendendo, no fundo – o que pode diferenciar você de todos os outros vendedores do planeta –, é *confiança*.

"Ah, tá bom. Já ouvi isso antes. Confiança vende. Já entendi." Mas falemos mais a respeito disso. O que significa dizer que você confia em alguém? E quando você confia em alguém para fazer alguma coisa? Pense nisso em sua vida pessoal. Quem são as pessoas de sua confiança? Provavelmente você tem um alto grau de confiança em seu parceiro, seus filhos e sua família. Mas o que "Eu confio em você" quer dizer de verdade? Confiança significa acreditar que o outro vai lhe dizer a verdade mesmo que não seja vantajoso para ele. Significa que você pode ter certeza de que as pessoas vão fazer o que disserem que vão fazer, quando e do jeito que estão dizendo. Pergunte aos vendedores mais antigos da sua empresa, e eles lhe dirão que abrem mão dos clientes que não precisam de fato daquilo que estão vendendo. A reputação deles é mais importante do que uma venda rápida que cria um problema para o cliente.

## O que é confiança exatamente?

Na Dale Carnegie Training, perguntamos a clientes do mundo inteiro como eles descreveriam a confiança no vendedor, e a esmagadora maioria das respostas valida o que dissemos. As duas principais respostas à pergunta feita, "Como você definiria confiança?", estão centradas em dois temas: "Acredito nele; ele é honesto, tem credibilidade e é bem informado" (50%) e "Ele defende meu interesse e agrega valor" (25%).

Nessa pesquisa recente, os clientes deram conselhos bem diretos aos vendedores. Quando lhes perguntaram quais comportamentos são importantes para gerar confiança, mais de 85% dos participantes responderam:

1. "Prestar informações sinceras e completas."
2. "Fazer o que é bom para mim em vez de apenas querer fechar a venda."
3. "Cumprir suas promessas."

Nas palavras de um dos clientes, ter confiança em um vendedor "significa que eu posso contar com ele para me dar respostas diretas, mesmo que perca a venda por causa disso".

Mayer e seus colegas[3] definem *confiança* como "a disposição de uma das partes de expor-se às ações de outra com base na expectativa de que esta realize um ato importante para o depositante da confiança, qualquer que seja a capacidade de monitorar ou controlar a outra parte".

É apenas um jeito formal de dizer o que dissemos no começo. O cliente quer ter certeza de que pode confiar em sua sinceridade em relação àquilo que você pode (e não pode) fazer, e que você o *fará* de fato da forma que disse que faria, tendo o interesse dele como prioridade.

O que, então, você está vendendo quando conquista a confiança de um cliente? Está vendendo *você*. Está projetando autenticidade e transparência. Você é a pessoa cuja função é resolver problemas, e o que o torna único são as soluções que você traz.

## A autoavaliação "Conhece a ti mesmo"

Experimente este exercício. Pegue uma folha de papel, ou abra um documento no computador, e coloque o alarme para daqui a cinco minutos. Ao longo de cinco minutos, escreva todas as respostas que puder imaginar à pergunta: "Por que alguém deveria confiar em mim?" Só não pule este exercício para saber o que os outros responderam. Responda. Ok? Vamos lá.

Precisa de ajuda? Vou dar algumas dicas. Eis a autoavaliação "Conhece a ti mesmo". As seguintes perguntas podem ajudá-lo nas suas respostas:

### Interação com os outros

- Você é uma pessoa naturalmente reservada, que prefere deixar os outros assumirem o comando da conversa?
- Você é extrovertido e acessível?
- Você é um pensador lógico e analítico?
- Você gosta de contar histórias para explicar suas ideias?

## Aparência física

- Você é do tipo grande e bonachão, de corpo e de voz?
- Você é do tipo que não chama muita atenção à primeira vista?

Como este capítulo trata de confiança, estamos confiando que você fez o exercício. Cinco minutos são um tempão, não são?

O que você descobriu? Se você for como a maioria das pessoas, o exercício começou com o tipo de resposta que vem à mente mais facilmente. "As pessoas devem confiar em mim porque sou honesto. Acredito no meu produto porque ele é o melhor do mercado." (Adiante falaremos sobre o que fazer quando você não acredita de verdade no que está vendendo.)

Depois desse início, porém, suas ideias provavelmente acabaram. É aí que começam a aparecer as verdadeiras respostas. "As pessoas devem confiar em mim porque sempre fui confiável. Desde criança, era em mim que meus pais confiavam para cuidar do meu irmãozinho. Cuidar dos outros é importante para mim. A confiança que uma pessoa deposita em você é o presente mais importante que ele pode lhe dar."

Este exercício pode ajudar muito a revelar seus valores centrais em relação à confiança. Talvez alguém tenha decepcionado você, levando-o a achar que não é possível ter confiança. Ou talvez isso o tenha deixado ainda mais determinado a ser confiável. Ou será que você reaprendeu a confiar?

Talvez você tenha se dado conta de que nem sempre foi a mais confiável das pessoas. "Francamente? As pessoas não devem confiar em mim. Já tive que mentir para conseguir o que queria." Tudo bem se você escrever coisas assim, pois significa que está sendo franco. Significa que está sendo honesto consigo mesmo em relação ao que pode melhorar, e isso é bom. Este é um ambiente sem julgamentos.

O que quer que você tenha escrito e descoberto a respeito de si como uma pessoa confiável, essa é sua base. É o fundamento para tudo que você fizer como vendedor e na vida. É preciso confiar em si mesmo antes que os outros confiem em você.

## Seu jeito de fazer uma coisa é seu jeito de fazer todas as coisas

Faz bem a todos nós indagar: dou valor a ser uma pessoa digna da confiança alheia? Por mais que pensemos "Claro que sim!", será que nos comportamos de acordo com essa autoavaliação? Existe um velho ditado: "Seu jeito de fazer uma coisa é seu jeito de fazer todas as coisas." Então pergunte a si mesmo: você se comporta de maneira confiável o dia inteiro ou só quando está tentando fechar uma venda? Quando vê uma nota de 100 reais no chão, você a enfia no bolso ou tenta achar o dono? Quando diz "Te ligo amanhã", você liga? Ou dá uma desculpa para não ter ligado?

A confiança é, no fundo, uma questão de integridade. O setor de vendas tem fama de desonesto porque às vezes existe uma percepção de que falta integridade aos vendedores. "Ela promete qualquer coisa só para fechar uma venda." "Quando entro na concessionária, o vendedor não tenta vender o melhor carro para mim; tenta vender o que ele mais precisa vender." Faz 100 anos que nós, da Dale Carnegie Training, lutamos para superar essa percepção.

Vamos analisar dois cenários, um baseado em confiança e outro não.

Dois anos atrás, depois de 20 anos de casamento, Karen perdeu o marido para um câncer. Ela se mudou com os filhos para um belo condomínio à beira-mar. Para seu coração, era apaziguador ver as ondas do oceano batendo na orla toda manhã, sentada no deque de sua casa. A cachorrinha da família, Salty, deitava-se a seus pés enquanto ela contemplava os veleiros passando. Uma coisa que ela sempre dizia ao marido era que queria fazer um cruzeiro pelas ilhas do Havaí. Obviamente, Karen não podia mais fazer isso com ele, mas ainda podia gerar lembranças inesquecíveis com os filhos. Ela programou um cruzeiro de três semanas. Os filhos ficaram empolgadíssimos! "Mas quem vai cuidar da Salty e do meu peixinho?", perguntou a filha. "Você vai mesmo deixar um estranho entrar na nossa casa?", perguntou o filho. Salty já tinha 13 anos e precisava tomar um remédio para os rins duas vezes por dia. Seguia uma dieta especial e precisava passear em horários específicos. Evidentemente, Karen precisava encontrar alguém de confiança para cuidar de seus animais e da casa.

A primeira pessoa que ela entrevistou foi Casey, uma estudante de 21 anos que Karen encontrou em um site de *pet-sitters*. Ao entrar na casa e ver a vista de 180 graus para o oceano, Casey disse: "Uau, que vista linda! Você deve dar umas festas incríveis aqui!" Quando Salty veio lambê-la, ela se abaixou e fez festinha, mas seus olhos não paravam de examinar a casa. Durante todo o tempo que passou ali, Casey não parou de pensar em como seria legal ficar ali: *Posso tomar café no deque toda manhã. Talvez até fazer um pouco de ioga.* "Você tem mesmo sorte de morar aqui", disse ela. Enquanto Karen explicava as tarefas, ficou se perguntando se Casey estava prestando atenção. Ela só andava de cômodo em cômodo, olhando a vista. Ao final da entrevista, Karen disse a Casey que estava entrevistando várias pessoas e que daria retorno. O fato é que, embora no papel Casey parecesse boa, estava faltando alguma coisa nela.

A segunda entrevistada foi Olivia, uma mulher de 50 anos cujos filhos tinham viajado nas férias de verão para visitar o pai. Por isso, ela procurava uma forma de se ocupar fora de casa. Ao entrar, a primeira coisa que fez foi se agachar e conversar com

Salty: "Oi, menina. Tudo bem com você?" Sabiamente, Olivia reconheceu que a primeira preocupação de Karen seria saber se ela se daria bem com Salty. Ela tomou a decisão consciente de *não* comentar a vista do condomínio. Não estava lá para admirar a paisagem ou a casa. Estava lá para resolver um problema, e o problema era: "Como faço para que cuidem de meus bichinhos na minha ausência?" Para concretizar essa venda, Olivia sabia que precisava se mostrar digna da confiança de Karen. Ela se colocou no lugar de Karen. *O que eu estaria sentindo se tivesse acabado de perder meu marido e fosse passar três semanas longe de casa com meus filhos? O que seria importante para mim?* Karen e Olivia sentaram no sofá e conversaram. Olivia fez perguntas sobre a viagem, sobre como cuidar de Salty e sobre o peixinho. Todo o seu foco estava em ajudar Karen a ver que poderia confiar nela. Se ela poderia tomar café ou fazer ioga no deque era secundário.

Considerando esses cenários, fica bem claro qual das mulheres conseguiu o trabalho. Olivia era mais qualificada? Não. Casey tinha sido altamente recomendada pelo site de *pet-sitters*. Ela fazia faculdade, chegou no horário para a entrevista e fez tudo certo. Menos uma coisa. Não se deu conta de que o que realmente estava tentando vender era confiança.

## Negócio arriscado

Sempre que se confia em alguém, há algum risco envolvido. A pessoa que confia fica, até certo ponto, vulnerável àquela em quem confia. Pode ser uma coisa pequena, como confiar que o carregador de bateria que você está comprando vai durar mais de uma semana. Ou pode ser uma coisa grande, como confiar em alguém para cuidar de seu pai ou avô idoso em um asilo.

O risco de ficar vulnerável é o que torna a confiança diferente de outras formas de interação humana, como a cooperação. Você pode cooperar com alguém sem ficar vulnerável a seus atos.

Numa relação de vendas, o comprador está assumindo um risco ao confiar em você. Ele está confiando que a solução do problema será como você prometeu. Você poderia, se fosse uma pessoa menos confiável, tirar proveito do comprador. A única coisa que tem a perder é a venda. Quando você quebra a confiança, o comprador perde muito mais. Perde, na verdade, a solução para o problema dele. Mas também perde o respeito: respeito por você, pela sua marca e até por si mesmo como pessoa capaz de dizer se alguém é ou não confiável.

No nosso cenário, Karen está assumindo um risco. Ela ficou vulnerável à pessoa que escolheu para cuidar de seus animais. Ela precisa confiar que eles serão bem cuidados e que a pessoa que vai vigiá-los foi honesta em relação à própria competência e que fará o que disse que faria, na hora em que disse que faria e do jeito que tem que ser feito.

O que determina, portanto, se um cliente será capaz de confiar em um vendedor? A confiança tem três dimensões: *integridade, competência* e *boa vontade*.

*Integridade* é ser honesto.
- O que vai motivar ou guiar sua atuação?
- Você é capaz de expressar seus princípios de atuação?
- Você é capaz de dizer aquilo que *não* faria por considerar contra os seus princípios?
- As outras pessoas concordariam com esse conjunto de princípios?

*Competência* é fazer o que você disse que faria do jeito que disse que faria.

- Você é capaz de fazer o que disse que faria?
- Você tem um histórico de atuação na área exigida?
- Que evidências sustentam sua declaração de competência e sua capacidade para o assunto em questão?

*Boa vontade* é a capacidade de ajudar alguém por razões além do lucro.

- Você compreende a situação do outro?
- Você trata os interesses do outro como se fossem seus?
- Você está tentando tornar a vida do outro melhor?
- Sua atuação será em função do melhor interesse do outro?

O fundamento das vendas é uma relação baseada em confiança. Ela é ao mesmo tempo resultado e motivo de confiança. Em outras palavras, quando se tem uma relação de confiança, isso gera ainda mais confiança. Seu cliente não é apenas um cliente. É uma pessoa.

Uma pessoa com sonhos, aspirações e, isso mesmo, problemas próprios. Quando você fecha uma venda, está fazendo diferença na vida de uma pessoa.

Noha El Daly, diretora-sênior de vendas e treinadora master global da Dale Carnegie e Associados, fala sobre o tempo que leva para construir confiança. O chefe global de vendas de outra organização "estava discutindo a mudança da estratégia global e pedindo contribuições", conta El Daly,

e passamos a maior parte da reunião debatendo seus planos, antes de começar a debater o caminho do aprendizado. Ele comentou em vários momentos que não precisaria daquilo na sala de treinamento, mas precisava de meu ponto de vista para finalizar a estratégia antes de iniciar o treinamento. Esse grau de confiança como consultor teve origem em uma reunião onde utilizamos o princípio 4, "Desenvolva um interesse genuíno pelos outros", e deu para sentir essa potência. O cliente nos viu como parceiros de verdade, não apenas como provedores de formação. Passamos várias horas discutindo o negócio – várias horas de trabalho não remunerado. A venda de consultoria não é apenas um processo; é um estado de espírito.

Na Dale Carnegie, acreditamos que uma venda eficiente requer relações produtivas, baseadas na confiança recíproca do comprador e do vendedor, que vem de uma credibilidade estabelecida e de uma compreensão mútua de valor. Como vendedores eficientes, precisamos deixar de empurrar produtos (alguém focado apenas no próprio desejo de vender) para nos tornarmos conselheiros de confiança (alguém em quem se pode confiar para aconselhar o cliente da forma que é a melhor para ele).

Empurrador de produtos ➡ Conselheiro de confiança

## Como gerar confiança com base nos princípios de Dale Carnegie

Vejamos alguns dos princípios de Dale Carnegie a respeito da construção de relacionamentos confiáveis. Eis o segredo: a questão não é você! É isso mesmo, a questão são as pessoas à sua volta. Leia estes princípios, um por um. Pratique apenas um deles, o dia inteiro, em todas as suas interações. No dia seguinte, pratique outro. Prepare-se para se surpreender com a quantidade de pessoas que vão ser atraídas para sua órbita!

1. Não critique, não condene, não reclame.
2. Faça elogios honestos e sinceros.

3. Desperte no outro um desejo ardente.
4. Desenvolva um interesse genuíno pelos outros.
5. Sorria.
6. Lembre-se de que o nome de alguém é, para a pessoa, o som mais agradável e mais importante de qualquer idioma.
7. Seja um bom ouvinte. Encoraje os outros a falar de si mesmos.
8. Fale sobre assuntos que interessam ao outro.
9. Faça o outro se sentir importante – e seja sincero.

Neste capítulo, falamos do primeiro de três elementos para o sucesso em vendas – a confiança. No próximo, vamos analisar o segundo elemento de uma venda eficaz – a credibilidade.

## LIÇÕES DO CAPÍTULO 1

- O melhor processo de vendas do mundo não dará resultado a menos que se baseie na confiança recíproca entre vendedor e comprador.
- Nossos estudos mais recentes mostram que o cliente quer três coisas:
  1. Que você forneça informações honestas e completas.
  2. Que você faça o que é o certo para eles em vez de só tentar fechar a venda.
  3. Que você cumpra suas promessas.

Você fez sua autoavaliação? A fim de conquistar a confiança de alguém, você precisa saber por que é digno de confiança.

- A confiança envolve risco e vulnerabilidade.
- Seu jeito de fazer uma coisa é seu jeito de fazer todas as coisas.
- As três dimensões da confiança são *integridade, competência* e *boa vontade*.
- Pratique o primeiro conjunto de princípios de Dale Carnegie.

*71% dos consumidores dizem que preferem tratar com um vendedor "de total confiança" do que com um que ofereça "o melhor preço".*

# 2

# Credibilidade pessoal

"Só tenho dinheiro para mais oito semanas, e você está me dizendo que dessas oito eu tenho que lhe dar duas?" Foi o que Bill – um homem educado que tinha acabado de abrir sua primeira empresa de consultoria ambiental – disse a Dave Wright, sócio-gerente da Dale Carnegie, depois de pedir um encontro em um Starbucks. Bill tinha explicado sua necessidade de participar de treinamentos de vendas, e Dave simplesmente falou sobre as oito sessões semanais de três horas e o investimento necessário.

Anos depois, Dave conta:

Senti uma profunda empatia – dava para ver que ele estava sofrendo. Por isso, para mim, foi uma das maiores provas de fogo da minha vida. Quanto eu acreditava naquilo – quão profundamente? Se desse errado, eu estaria antecipando a falência daquele sujeito. Tendo conquistado a confiança dele, eu disse: "Bill, seis ou oito semanas, qual a diferença? Se você não tomar uma atitude para mudar, vai acabar fracassando." Eu tinha confiança em nosso programa e nossos princípios. Na quarta semana do programa, Bill aprendeu a usar frases de credibilidade para conseguir marcar reuniões e a fazer perguntas mais efetivas. Ele conseguiu duas reuniões de altíssimo nível e fechou um contrato que batia sua meta de receita do ano inteiro.

Faz pouco tempo, Bill me ligou de seu escritório em São Francisco, um dos dois endereços de sua hoje próspera empresa.

*Vender relacionamento. Essa é a chave.* Quantas vezes você já ouviu isso? Nós já ouvimos tantas vezes, em tantos lugares diferentes, que acabou virando um desses chavões, como "paradigma", *"game changer"* (divisor de águas) e "melhores práticas", aos quais ninguém mais dá atenção: "Essa mudança de paradigma é um verdadeiro *game changer*. Precisamos incorporar a venda de relacionamento às nossas melhores práticas."

Mas o que isso significa, de fato? Se temos um curso inteiro de vendas sobre venda de relacionamento, é porque obviamente acreditamos na ideia. Mas a enxergamos de maneira um pouco diferente da que você deve imaginar.

Hoje em dia o consumidor é bem informado e avesso a riscos. Quando um desconhecido bate à nossa porta, nos telefona ou envia um e-mail, nossa primeira reação é: "O que você quer?" Temos a opção de dizer, educadamente: "Em que posso ajudá-lo?" Mas o que estamos pensando mesmo é: "O que você está fazendo aqui e o que está querendo?"

Se alguém chegar e começar a lhe "vender relacionamento", você vai perceber e na mesma hora vai erguer um muro. Não vai se arriscar a confiar em alguém se suspeita que ele só está ali para conseguir vender alguma coisa para você. Estamos dizendo que o relacionamento não é veículo para a venda? Claro que não. Se demos a ele o nome de um de nossos cursos, é por algum motivo. O que estamos dizendo é que, a fim de fazer a venda de relacionamento, é preciso *já estar* em um relacionamento. É preciso adquirir a confiança *antes*, e só então explorar a venda.

É aí que entra a credibilidade. Assim como a confiança, ela precisa ser conquistada com o tempo. Caso seu negócio seja de natureza transacional (assim como os setores de varejo ou de restaurantes), sua credibilidade vem da marca da empresa. As pessoas vão ao McDonald's por sua credibilidade ao longo dos anos, e o cliente pode confiar que vai obter o que espera ao comer ali. A constância é um elemento-chave da credibilidade.

Quando seu negócio *não é* transacional, então a credibilidade se torna pessoal. Passa a ser sobre quem você é como pessoa. Suas características, sua atitude e sua personalidade se tornam parte de sua marca pessoal. Assim como uma empresa, você também promove uma marca.

## A venda é uma forma de liderança

Pode surpreender pensar na venda como uma forma de liderança, mas ela é. Pense no que um líder faz. Os líderes enxergam um destino e traçam uma estratégia para alcançá-lo. Então influenciam os outros a fazer o necessário para chegar lá. Os seguidores *confiam* no líder para conduzi-los até o destino.

Agora pense no que um vendedor faz. Ele enxerga uma solução para um problema do comprador e desenvolve uma estratégia para resolvê-lo. Então influencia o cliente a tomar as atitudes necessárias para chegar à resolução do problema. O comprador precisa confiar que você vai ajudá-lo a resolver o problema.

A credibilidade é o que valida a liderança. Se as pessoas não acreditam em você, não vão segui-lo a parte alguma.

## Faça as perguntas certas

Como podemos, então, começar a conquistar credibilidade? Além de características pessoais, como ser respeitoso e possuir competência profissional comprovada, ela provém de fazer as perguntas certas. Perceba que dissemos perguntas *certas*. Fazer as perguntas erradas é, muitas vezes, pior que não fazer pergunta alguma. Pode acabar com a nossa credibilidade antes mesmo de fecharmos a boca.

Por exemplo, Stacy Watson estava comprando um carro e, como muitas pessoas, odiava todo aquele processo. Ela tinha feito muita pesquisa on-line e conversado com amigos e parentes. Reduziu sua lista a três carros e entrou numa concessionária para fazer um test drive com um deles. Estava interessada na potência e no tamanho do motor, e queria conferir por conta própria quanto era capaz de acelerar e frear.

Lee, vendedor da concessionária naquele dia, viu Stacy olhando um dos carros. "Este aqui é bonito, não é? É um de nossos modelos mais populares." Diante da falta de resposta dela, ele investigou mais: "Em que cor a senhora está interessada? Este aqui tem cinco combinações diferentes e a senhora pode escolher entre couro e tecido."

Na cabeça de Stacy, Lee perdeu instantaneamente toda a credibilidade. Por quê? Porque ela entendeu que ele só estava falando de características como cor e tipo do estofado pelo fato de ela ser mulher. *Se eu fosse homem*, ela pensou, *provavelmente ele estaria falando de torque e suspensão.*

Para Lee, ele estava demonstrando conhecimento do produto e achou que estava conquistando credibilidade ao falar daquilo em que Stacy estaria interessada. Claramente, fazer mais perguntas em vez de prejulgar o comprador leva a maior confiança.

Por outro lado, você pode conquistar credibilidade rapidamente aplicando o princípio 4, "Desenvolva um interesse genuíno pelos outros", e o princípio 8, "Fale sobre assuntos que interessam ao outro".

Jessie Wilson, treinadora sênior e consultora da Dale Carnegie no Arkansas, estava em seu primeiro ano na Carnegie quando descobriu uma empresa cujos valores corporativos batiam

tiam com os dela e os de seu escritório local. Curiosa, ela fez uma chamada casual, pedindo para falar com um tomador de decisões. Em seu primeiro contato, Jessie falou sobre assuntos de interesse da empresa e ficou genuinamente impressionada pelo fato de a ouvirem com atenção e fazerem perguntas em vez de dispensá-la sem mais nem menos. Aquele não era um tomador de decisões, mas Jessie fez um follow-up com um bilhete de agradecimento carinhoso, escrito à mão, dizendo que, embora não tivessem trabalhado juntos, ela saía daquele contato com a clara impressão de que ele estava colocando em prática os valores da corporação. Ele respondeu por e-mail dizendo que tinha ficado muito tocado com a nota de agradecimento e forneceu o contato do tomador de decisões, Steve. Além disso, avisou Steve de uma possível ligação de Jessie.

Jessie ligou para Steve uma semana depois e, após um rápido telefonema de 15 minutos, os dois começaram a esboçar um contrato de longo prazo. No fim das contas, Jessie pulou a maioria das fases de um processo de vendas simplesmente graças a sua credibilidade e sua competência em estabelecer relacionamentos de confiança!

Saber as perguntas certas a fazer, e como fazê-las, depende fortemente da pessoa a quem se pergunta. Grupos demográficos diferentes, personalidades diferentes e até culturas diferentes possuem, todos, normas diferentes para a formulação de perguntas. Faça do jeito errado e instantaneamente estará colocando sua credibilidade em risco.

Os *millennials* e os jovens querem cada vez mais que suas perguntas sejam respondidas on-line, não presencialmente (e por *presencialmente* queremos dizer ao vivo – seja por telefone ou cara a cara). Caso você seja um deles e esteja lendo isto, sabe o que quero dizer. Quem ainda atende o telefone sem saber quem está chamando?

Os introvertidos e os que sofrem de ansiedade social serão menos receptivos do que os demais a perguntas que considerem invasivas. Aqueles com um estilo de comunicação direta não vão gostar das amabilidades que geralmente antecedem uma conversa. "Vá direto ao assunto" é o mantra das pessoas desse estilo. Por sua vez, os comunicadores indiretos se sentirão incomodados e até ofendidos se você for direto ao assunto.

As diferenças culturais também influenciam nossa maneira de fazer perguntas. Greg Story, presidente da Dale Carnegie de Tóquio, diz:[4]

No Japão, muitos consumidores esperam ficar no controle dos trabalhos. Assim, o vendedor chega, vende seu peixe, e o comprador alegremente começa a apontar todos os furos. O que o comprador japonês faz é tentar ressaltar o fator de risco daquilo que você está propondo por meio de crítica a tudo que você acabou de dizer. Só então ele vai querer que você traga as respostas que eliminarão seus receios. Na mesma hora você fica na defensiva. É o cliente, não você, que está no controle do processo de venda.

Para romper esse padrão (que tem baixíssima taxa de sucesso), precisamos fazer as perguntas pertinentes e descobrir do que ele realmente necessita. Para isso, precisamos pedir a permissão dele para fazer perguntas. Essa transição para a parte do questionamento é absolutamente crucial no processo de venda. Não perca isto de vista: no Japão, o comprador é de suprema importância. Assim, o comprador pode achar que nossas perguntas são impertinentes, invasivas e desnecessárias. Por isso, precisamos obter a permissão dele para seguir em frente. Todas as vezes que fui forçado a apenas vender meu peixe – porque o comprador me negou a oportunidade de fazer perguntas –, a venda não se concretizou. Precisamos nos preparar melhor para conseguir que ele nos permita compreender plenamente de que forma podemos servi-lo melhor. É por isso que devemos fazer perguntas e escutar atentamente as respostas. Dessa forma podemos fazer a transição, depois de dizer "Será que poderíamos fazer o mesmo por você?", e comentar delicadamente "Para me ajudar a compreender se podemos fazer isso ou não, se importaria se eu fizesse algumas perguntas?". Dizemos essa frase de forma quase casual, como algo sem importância, nada de especial. Quando a pessoa concorda, aí, sim, temos liberdade para explorar detalhadamente a situação atual dela, o que deseja, o que a impede e o que, para ela, significaria um desfecho positivo. Se você não fizer essas perguntas, terá pouca probabilidade de convencer o cliente de que pode ajudá-lo a resolver os problemas dele.

Noha El Daly, diretora-sênior de vendas e treinadora master global da Dale Carnegie e Associados, afirma:

Estabelecer a relação é crucial para a venda de relacionamento. No entanto, isso significa coisas diferentes para pessoas diferentes. No Norte da Europa, a reunião começa com rápidas amabilidades, mas ir direto aos assuntos de interesse é considerado um sinal de respeito que deve ser levado em consideração. Por outro lado, no Norte da África podemos passar boa parte da reunião perguntando sobre a família, a saúde e o emprego da pessoa, especificamente sobre os filhos, quando sabemos algo sobre ela. E seria uma lista interminável de *ça va?* – "ok" em francês –, só preenchendo antes a lacuna sobre a pessoa ou o assunto da sua pergunta. A primeira vez que você vai a uma reunião dessas, fica se perguntando se a pessoa não está completamente louca. Lembro que muitos anos atrás, quando estava no Marrocos, fui visitar um cliente com um vendedor local e passamos pelo menos sete minutos repetindo a mesmíssima pergunta, para nos certificarmos de que cada membro da família do cliente estava bem! Mas se você não passar tempo suficiente nessas perguntas pessoais, isso significa que você não está interessado.

Em outros mercados, como nos países do Golfo Pérsico, as pessoas são mais reservadas. Por isso, indagar muito sobre a família de alguém quando não se conhece bem a pessoa é considerado impróprio, principalmente quando há na sala pessoas que o cliente está encontrando pela primeira vez.

Certa vez fui a uma reunião no Catar e, no exato instante em que entrei na sala, me ofereceram uma xícara do café local, que tem um sabor muito forte. Se você toma café ou não, isso é indiferente para o anfitrião, que espera que o visitante aprecie o gesto e beba o café dele. Esse café tem uma mistura especial com cardamomo, e o orgulho do anfitrião é gabar-se de como aquele café é especial. Eu não tomo café e o café árabe é forte demais para minhas papilas, mas aquele era um momento em que eu precisava mandar minhas papilas pararem de frescura. Bebi o café, e só então o anfitrião começou a falar de negócios.

É importante notar que é uma norma cultural iniciar toda discussão de negócios somente depois que o convidado saboreou o café. Compreender e aceitar a cultura local é crucial para a venda de relacionamento. A relação, aqui, é de confiança, que se estabelece desde o primeiro instante, para demonstrar que você não veio impor as coisas do seu jeito, mas sim aceitar o jeito do cliente de fazer as coisas.

O que isso significa para nós, vendedores? Significa que, para termos credibilidade como vendedores, precisamos estar cientes das normas sociais, considerando a formulação de perguntas na cultura em que estamos atuando, a personalidade e o estilo de comunicação da pessoa com quem estamos falando e o meio de expressão preferido dela. Daremos dicas e sugestões de como fazer isso na seção de aplicações práticas deste livro.

Assim como dissemos que, para que confiem em nós, é preciso confiarmos em nós mesmos, o mesmo vale para a credibilidade. Precisamos tê-la antes de podermos vendê-la!

Para gerar interesse no comprador e estabelecer rapidamente credibilidade em uma reunião de vendas, elabore uma *declaração de credibilidade*. Trata-se de um texto curto que ajuda a esclarecer o que você faz e como isso ajuda o cliente, e é para ser compartilhado com o cliente ou potencial cliente. Note, por favor, que não estamos recomendando que você leia mecanicamente sua declaração de credibilidade. Ela é apenas uma base para afirmar sua credibilidade no ambiente de vendas.

Em outras palavras, sua declaração de credibilidade é o que demonstra sua capacidade de liderança para levar o cliente do ponto A ao ponto B. É o que você fala antes de perguntar se pode fazer perguntas. Do contrário, você se arrisca a parecer aquele cara do Facebook que lhe faz perguntas extremamente íntimas mesmo sem nunca ter encontrado você pessoalmente.

## Os elementos de uma declaração de credibilidade[5]

Você vai notar uma mudança imediata nos seus resultados utilizando este método simples:

1. Cite vantagens gerais que sua solução proporciona, relacionadas a necessidades, desejos e problemas do cliente.
2. Apresente resultados de clientes específicos que se beneficiaram.

3. Dê a entender quais benefícios semelhantes são possíveis.
4. Passe à etapa seguinte.

Para fazer o esboço da sua declaração de credibilidade, comece definindo de forma geral que valor você entrega ao cliente. Você pode usar como base a declaração de missão de sua empresa. Declare-a da forma mais breve possível – o ideal são apenas 10 palavras. Caso sua empresa não tenha uma, crie. Algumas dicas para criar uma boa declaração de missão são:

- Pense em algo breve e fácil de decorar.
- Use uma linguagem criativa.
- Afirme o que você faz pelo cliente.
- Capture a imaginação.

*Exemplos*: "Preservamos memórias" (processamento de fotografias); "Geramos riqueza" (planejamento financeiro); "Construímos e retemos relações de negócios" (treinamento).

**1. Resultados.** Esse é o cerne da sua declaração de credibilidade. Cite resultados que você ajudou seus clientes a alcançar. Quanto mais específico for, mais convincente será. Para fazer isso, você precisa conhecer bem seus clientes e quanto eles se beneficiam de fazer negócio com você. Algumas orientações ao citar resultados:

- Seja realista. Não é o momento de exagerar o que você pode fazer.
- Seja específico. Use valores em reais, porcentagens, economia de custos, tempo poupado.
- Seja preciso: 23,2% passa mais credibilidade do que 25%.
- Use o nome de seu cliente, se tiver autorização e for um nome respeitado.

*Exemplos*: "Ajudamos uma empresa do seu setor a aumentar a receita por vendedor em 20%." "Ajudamos uma empresa semelhante a cortar mais de 1 milhão de dólares em custos usando nosso software para substituir processos manuais."

**2. Afirme que resultados similares são possíveis, mas seja comedido.** Não prometa resultados milagrosos. O comprador pode achar que a empresa dele é diferente, que a situação dele é singular ou que você está exagerando. A melhor forma de superar a reticência inicial é o comedimento.

*Exemplos*: "Não posso prometer esses resultados enquanto não conhecer melhor suas necessidades." Ou: "Talvez você ache que atingiria resultados melhores/piores." Ou: "Você vai obter um retorno semelhante para seu investimento."

**3. Antecipe.** A essa altura, você já conquistou a atenção do comprador. Raramente ele lida com um vendedor que não promete mundos e fundos. A etapa seguinte é passar ao próximo nível da venda. Temos que fazer perguntas que nos ajudem a ver se dispomos de uma solução para o comprador. É um bom momento para começar a direcioná-lo para o "sim". Peça permissão para seguir adiante com a venda.

*Exemplos*: "Para saber se temos uma solução para você, posso fazer algumas perguntas?" "Posso lhe pedir alguns detalhes para ver o que se encaixa?" "Pode me contar algumas de suas necessidades que não estejam no seu site?"

## Como funciona?

Declarações de credibilidade funcionam por causa do princípio 8 de Dale Carnegie – você está falando de acordo com o interesse do comprador. Ninguém liga para os seus produtos ou serviços. Só ligam para o que podem fazer por eles. Por isso, uma das melhores formas de construir credibilidade é falar de questões relevantes para o cliente. Elas têm que refletir aquilo que clientes semelhantes apreciaram ao utilizar a sua solução.

Eis os passos e alguns exemplos:

1. Cite benefícios gerais que a sua solução proporciona e que estejam relacionados a necessidades, desejos e questões do cliente.
2. Apresente resultados de clientes que se beneficiaram.
3. Dê a entender que benefícios semelhantes são possíveis.
4. Faça a transição para a etapa seguinte.

*Exemplo*:

**Passo 1.** Outras empresas do seu setor conseguiram aumentar a receita e reduzir as despesas operacionais levando para a web parte de suas práticas empresariais.

**Passo 2.** A XYZ On-line nos informou ter fortalecido sua presença na web e aumentado em 27% as vendas para as contas existentes.

**Passo 3.** Talvez sua empresa possa obter os mesmos benefícios. Vamos nos sentar por 20 minutos e descobrir.

**Passo 4.** Vou ligar para seu escritório às nove da manhã na terça a fim de marcarmos um horário para conversar.

Mais uma vez, as declarações de credibilidade funcionam porque são breves e você está falando sobre assuntos de interesse do outro. O maior erro que vejo vendedores cometerem é fazer o oposto e acabar despejando informação demais sobre si mesmos – *nossa* empresa, *nossos* produtos. Lembre-se: o que está em questão não é você, é ele!

No Capítulo 1 afirmamos que uma venda eficiente exige um relacionamento produtivo, baseado na confiança recíproca entre comprador e vendedor, que vem da credibilidade estabelecida e do entendimento mútuo de valor. Neste capítulo, falamos do segundo desses elementos, a credibilidade. No próximo, vamos entrar no terceiro elemento, o entendimento mútuo de valor.

## LIÇÕES DO CAPÍTULO 2

- As vendas são uma forma de liderança, pois exigem muitas habilidades semelhantes.
- Fazer as perguntas erradas é pior do que não fazer perguntas, porque pode destruir instantaneamente a sua credibilidade.
- Para fazer as perguntas certas, você precisa levar em conta fatores como o estilo de comunicação, a personalidade do comprador e suas normas culturais.
- Faça uma declaração de credibilidade para aguçar o interesse do comprador e obter rapidamente uma credibilidade inicial. Então, peça permissão para fazer perguntas.
- Faça uso a cada dia de um dos princípios de Dale Carnegie. Escreva em um diário, ou no Evernote do seu iPhone, o que você aprendeu. A cada semana, faça uma revisão e reflita sobre seu aprendizado.
- Qual a principal lição que você tira deste capítulo? Poste o que deu certo para você nas redes sociais com a hashtag #Sell! ou #DaleCarnegieTraining.

*Em um mundo de mensagens instantâneas, redes sociais e e-mails, preocupar-se com o outro e ser capaz de se relacionar bem com ele lhe confere mais do que nunca uma vantagem.*

– Dan Heffernan, diretor de vendas,
Dale Carnegie Training

# 3

# Valor
## (Você já está atrasado para a festa)

Às 14h52, entrei no Lyft, perto de Providence, no estado de Rhode Island. A primeira coisa que pensei foi: *Será que posso confiar nesse cara?* Joe, o motorista, era um sujeito forte e corpulento cujas mangas arregaçadas exibiam braços cobertos de tatuagens. Ele usava um gorro, e o som de seu sedã bastante rodado tocava alto Mötley Crüe.

"Corrida longa pra você, hein?", comentei.

"Como assim? Para onde vamos?"

"Para o aeroporto Logan."

"O quê? Puxa vida, cara, eu não vi quando aceitei a corrida." Ele parou para refletir e então prosseguiu, com firmeza: "Mas não tem problema, eu o levo lá."

Já ouvi histórias de muitos taxistas e motoristas de aplicativos que recusaram passageiros ao descobrir que a corrida ia levá-los a mais de uma hora de onde moravam. Meu motorista, Joe, ia ter que enfrentar a terrível hora do rush no trânsito de Boston para voltar para casa depois de me deixar, quase certamente sem nenhum passageiro para compensar a longa viagem de volta.

Porém essa é só uma parte da história. Não apenas o caminho era longo como eu estava em cima da hora, tentando antecipar meu voo. Andava viajando muito a trabalho, e havia uma pequena chance de, se conseguisse pegar aquele voo, chegar em casa a tempo de colocar meus filhos para dormir.

No banco de trás, mergulhei em ligações de trabalho, uma delas para a companhia aérea. Daria para pegar um voo antecipado, mas calculei que precisaria chegar ao aeroporto até no máximo 16h e correr para o portão. O aplicativo no celular de Joe, no painel, indicava a hora de chegada para 16h06.

"Se a gente chegar até as quatro, talvez eu consiga chegar a Minnesota a tempo de ver meus filhos. Vou ficar muito feliz com o que você puder fazer por mim. Agradeço desde já por isso, Joe", implorei do banco de trás.

Ele concordou com a cabeça, sem dizer nada.

Perto de Boston, eu já não estava no celular, então ele começou a falar:

"Antes eu dirigia um caminhão indo e vindo de Boston, mas faz anos que não venho aqui. Sofri um acidente e tive que parar de dirigir. Muita gente prefere ficar sentado no sofá vivendo de dinheiro do governo e tomando cerveja. Eu resolvi continuar fazendo o que pudesse fazer. Então agora dirijo aqui, e de vez em quando também dirijo um trailer para um cara lá da cidade. Prefiro evitar o trânsito de Boston à noite, mas você precisa chegar ao aeroporto e eu disse que vou levá-lo até lá.

"Sabe, eu amo Minnesota. Morei lá quando meu pai fez tratamento de câncer na Clínica Mayo. O pessoal do hotel, o Jimmy John's, e o do hospital foram meu único apoio. Foram as pessoas mais gentis do mundo e fizeram muita diferença quando meu pai acabou morrendo, três meses depois. Vou fazer com que você chegue a Minnesota para ver seus filhos antes de eles irem para a cama."

Enquanto ele costurava no trânsito e dirigia com a maior agressividade possível em meio aos carros, eu ia vendo o aplicativo no celular mudando aos poucos, recalculando o tempo de viagem, porque o trânsito começou a piorar perto do aeroporto. Mas Joe persistiu. Olhando com atenção para as placas do aeroporto, ele achou o caminho até o ponto de desembarque. Eram 16h03. Ele não teria como chegar antes disso em segurança.

"Foi um prazer fazer isso. Espero que você chegue a Minnesota e veja seus filhos."

Obviamente, meu portão no aeroporto era o mais distante do raio X. Corri pelo corredor, desci e subi escadas rolantes e dobrei várias esquinas. Cheguei bem na hora em que iam encerrar o embarque do meu portão. Ofegante, fui até minha fileira no avião e a mulher sentada no corredor sorriu, levantou-se e permitiu que eu me acomodasse.

Três horas depois eu estava deitado com meus filhos, dando-lhes um beijo de boa-noite.

O que faz com que uma pessoa como Joe se disponha a passar por um incômodo assim? Eis alguém que teria um monte de razões para reclamar da vida. Porém, em vez disso, ele decidiu ajudar. Imaginei-o parado no congestionamento da Highway 93, no sentido sul, depois de me deixar, com Mötley Crüe no talo, pensando: "Embora isso tenha me criado um inconveniente, ajudar dá uma sensação boa."

Talvez o caminho para a alegria passe pelo incômodo. Ele nos leva a nos superar e afirmar nosso valor.

Fiquei agradecido a Joe. Não apenas porque ele me levou ao aeroporto rapidamente, mas porque ele me inspirou a aceitar incômodos em nome de outras pessoas.

Pode ser simplesmente deixar alguém passar à sua frente na fila. Pode ser ajudar alguém no trabalho. Ou talvez a disposição de fazer algo a mais em benefício de outro.

Assim como Joe, não faça isso resmungando. Faça de boa vontade. O que acha de aceitar um incômodo pelo bem de alguém hoje?

Essa história foi escrita por Matt Norman, sócio-gerente da Dale Carnegie em Minnesota, Iowa e Nebraska.[6] É uma poderosa demonstração de tudo que pregamos até aqui – confiança e credibilidade. Mas também é um belo exemplo do terceiro elemento de uma venda eficaz: *entendimento mútuo de valor*.

Veja, quando Matt entrou no Lyft, ele criou um relacionamento com Joe. Não um relacionamento de longo prazo. Não creio que eles enviem cartões de Natal um para o outro. Mas, durante o período em que se envolveram em uma transação de negócios, foi um relacionamento. E ambos entenderam o valor da experiência.

No caso de Matt, ele tinha que confiar que Joe o levaria ao aeroporto a tempo. O valor de Joe transportá-lo no horário era que ele estaria em casa a tempo de colocar os filhos para dormir.

E quanto a Joe? Ele tinha que confiar que levar Matt até seu destino tinha valor. Será que fez isso só pela venda do serviço? Na esperança de que um homem bem-vestido desse a ele uma bela gorjeta? Acho improvável. Joe definiu o valor de seu trabalho em termos que iam além do dinheiro. Para ele, era uma questão de integridade e comprometimento. "Você precisa chegar ao aeroporto e eu disse que vou levá-lo até lá."

Nessa transação, tanto Matt quanto Joe tinham um entendimento mútuo do valor da transação, que se baseou no respeito. Matt respeitou a dedicação de Joe ao trabalho e sua integridade. Joe respeitou o fato de Matt querer estar em casa a tempo de colocar os filhos para dormir.

## O verdadeiro valor da transação

Parece uma pergunta simples: quando você compra alguma coisa, qual é o valor da transação? Você pode olhar para seu extrato bancário e ver quanto pagou, certo? Esse é o valor da transação, concorda?

Não, não é. É apenas o preço. Como vimos no caso de Matt e Joe, o valor da transação vai bem além da troca de dinheiro por um produto ou serviço. Mesmo na mais simples das vendas, o dinheiro é o aspecto menos importante da transação.

O subtítulo deste capítulo diz: "Você já está atrasado para a festa" porque, no momento em que você chega à situação de venda, seu cliente já realizou uma extensa pesquisa sobre seu produto ou serviço. O mercado global é tão vasto que, para qualquer item que a pessoa queira ou necessite, costumam existir centenas ou milhares de opções. Precisa de uma caneta esferográfica? O Google lhe apresenta mais de 22 milhões de resultados para você escolher em 52 segundos. Precisa de um carro novo? Dá para pedir on-line e receber em casa. Dor nas costas? Procure "fisioterapeuta perto de mim" e receba 88 milhões de resultados.

Se você vai competir no mercado global (ou local), concorrência é o que não falta. Nos negócios, existem três grandes áreas de vantagem competitiva: *preço, qualidade* e *conveniência*. Antigamente você podia competir em uma ou duas dessas áreas, mas não nas três. Em outras palavras, você podia ter o menor preço, mas a qualidade saía prejudicada. Ou propunha conveniência, mas a um preço maior. Alta qualidade em geral significava altos preços.

Hoje em dia, porém, nos Anos Amazon, no Mundo do Mercado Livre, dá para conseguir os três a partir de alguns toques no celular. Com raras exceções, seu cliente é capaz de conseguir, de maneira barata, rápida e com qualidade equivalente, tudo que você oferece. Para piorar, também obtém muita informação. Por isso, se você ainda acha que pode ser fonte de informação, é melhor repensar.

O que o vendedor há de fazer, então? Lembra-se de Mike, do Capítulo 1? O cara que já tinha perdido a venda antes mesmo de chegar ao carro? Ele estava lamentando que não tinha como competir com as Amazon da vida.

Por sorte, você sabe de uma coisa que Mike não sabia, e esse segredinho vai ajudá-lo a aumentar seu faturamento e seu sucesso. Você aprendeu que é mais importante ser um conselheiro de confiança do que ter o menor preço.

## Confie em mim, sou vendedor

O que significa ser um conselheiro de confiança? Significa que você é considerado um especialista no seu setor e é a pessoa que vai ser procurada quando seus clientes tiverem uma pergunta ou um problema.

Digamos que você saiu do supermercado, colocou as compras no carro e deu a partida, mas ele não pega. Você pode pesquisar no celular "meu carro não pega". Entre os resultados haverá um monte de informações sobre a bateria e o que fazer para o carro pegar. Você pode deparar até com diagramas de sistemas de ignição. Provavelmente receberá anúncios de mecânicos e reboques, mas não vai encontrar nenhuma informação sobre o que há de errado com o *seu* carro.

O que fazer, então? Você não vai simplesmente acenar para algum estranho aleatório, a menos que isso seja absolutamente necessário. O mais provável é que você tenha um seguro e possa chamá-lo. Por quê? É a opção mais barata? Provavelmente não. É a mais conveniente? Talvez, mas não necessariamente. Existe uma grande diferença de qualidade entre as diversas empresas de reboque. Não, você vai ligar para a sua seguradora porque *confia nela* para lhe contar o que aconteceu com seu carro e ajudar você a resolver o problema de estar parado.

Mike, do Capítulo 1, não entendeu que o único jeito válido

de competir no ambiente atual é se diferenciar, tornando-se um conselheiro de confiança. Estamos rapidamente nos aproximando do dia em que robôs vão assumir as tarefas mais pesadas e a inteligência artificial vai tomar conta da lógica de interpretar dados e aprender com eles. O que resta então para você, caro membro da subtribo dos hominídeos? Resta a sua humanidade.

Como ser humano, você tem a capacidade de desenvolver relacionamentos com outros seres humanos. Você já deve ter ouvido a sigla PUV, para *proposição única de valor*. Esse termo costuma se referir àquilo que imbui sua empresa ou seus produtos de um valor único em relação às demais opções do mercado. Sua PUV no mercado é sua capacidade de sentir, de se conectar emocionalmente com seus clientes e de *se importar*. Nenhum algoritmo ou mecanismo de busca poderá competir com sua humanidade.

Quando você se torna um conselheiro de confiança, é como se colocasse um colete à prova de balas que o protege do tiroteio da concorrência. Só existe você. Você deixa de ser uma commodity facilmente cambiável por outra. Você é o único que pode usar sua experiência, seu conhecimento, seu discernimento e sua intuição para ajudar o cliente a resolver os problemas mais urgentes dele. Quanto mais valioso você se torna para seus clientes, mais eles voltarão a você.

Como você pode ficar mais parecido com o vendedor que se lembra do aniversário de alguém? Ou o motorista de aplicativo que vai se desdobrar para que seu passageiro chegue em casa a tempo de ver os filhos? Ou aquele que é o primeiro para quem o cliente liga quando precisa daquilo que você vende? Vamos explorar o que é necessário para se tornar um conselheiro de confiança e usar os comprovados princípios e processos de venda de Dale Carnegie a fim de descobrir a combinação vencedora para o sucesso em vendas.

## LIÇÕES DO CAPÍTULO 3

- O valor da transação vai muito além de seu valor monetário.
- Foram-se os dias em que você podia competir apenas no preço, na qualidade ou na conveniência.
- No momento em que você chega à situação de venda, seu cliente já conhece seu produto.
- Para competir no ambiente atual é preciso tornar-se um conselheiro de confiança para seu consumidor ou cliente.
- O valor do seu produto ou serviço aumenta 100 vezes quando você conquista a confiança do cliente.

Deste capítulo, o que você experimentou e deu certo? Poste nas redes sociais!

**PARTE DOIS**

# O processo de venda de Dale Carnegie

# 4

# O relacionamento tem prioridade

No Dale Carnegie Training, acreditamos que os relacionamentos estão no cerne de toda venda. Afinal de contas, foi o nosso fundador que escreveu *Como fazer amigos e influenciar pessoas*.

Como dissemos, é preciso construir um relacionamento antes de poder influenciar a venda. Não se faz isso com o único propósito de ganhar dinheiro. Pallavi Jha, sócia-gerente da Dale Carnegie na Índia, fala sobre como o modelo tradicional de vendas não funciona direito lá. Segundo ela, "A Índia é um país onde os relacionamentos desempenham um papel enorme. Ter os contatos certos abre portas mais rapidamente. Você encontra alguém, começa a construir o relacionamento e espera que dê frutos. Mas você só está expandindo a relação que já possui".

A essa altura você pode estar pensando: "Eu já tenho um monte de relacionamentos. É só ver meu Facebook e meu LinkedIn. Sou muito popular. Mas preciso saber como transformá-los em vendas." Likes não enchem barriga.

## Como entrar em uma relação de negócios

Se você sabe como entrar em uma relação de negócios, ótimo. Você já põe em prática o que recomendamos. Sua lista de contatos não para de aumentar. Mas esse é o tipo certo de relacionamento? Essas pessoas estão no mercado para aquilo que você vende? Por exemplo, se você é um organizador de eventos, a maioria de seus contatos é de outros organizadores de eventos? Não há nada de errado em ter uma sólida rede de pares, mas o que você precisa é de uma lista de clientes em potencial. Por mais que os spams lhe digam o contrário, comprar uma lista não é a melhor forma, nem a mais eficiente, de ampliar sua base de dados.

Vá para a rua e descubra onde estão os clientes. Pode ser um grupo de leads, a Câmara de Comércio, uma feira comercial. Onde quer que seu pessoal se congregue, vá até lá e converse com eles. É o jeito atemporal de fazer negócios, e tem a mesma relevância que tinha em 1937. Converse com as pessoas. Faça com que elas gostem de você. Descubra suas necessidades e ofereça a elas. É simples assim. Temos uma série de sugestões para você no próximo capítulo, mas a ideia de uma abordagem prévia, sistematizada, para encontrar e construir relacionamentos com as pessoas certas é o primeiro passo do processo.

## O processo de venda da Dale Carnegie

Parabéns. Você seguiu nossos conselhos e está na praça, fazendo networking e conhecendo pessoas. Juntou uma pilha de cartões ou *e-cards* e colocou-os na sua agenda. É hora de preparar uma margarita e esperar começar a chover vendas, certo?

Quem dera.

Agora você precisa de uma abordagem sistemática para transformar esses relacionamentos em vendas efetivas. Embora seja necessário criar o relacionamento antes de começar a vender, o que você quer é começar a vender já. Esteja no Alasca ou na Nova Zelândia, o objetivo de quem vende é... bem, vender.

Em nossos programas de treinamento, ensinamos um processo de cinco etapas para que você se oriente na psicologia da relação de negócios que leva a uma venda. Nos próximos capítulos, vamos detalhar cada etapa do processo, mas por enquanto eis um panorama. Dê uma olhada no gráfico da página 67. Note o que está no meio do gráfico. É o *relacionamento com o cliente*, onde nossa meta é transformar seu precioso status de conselheiro de confiança em algo que o ajude a fazer a compra do mês para sua casa. Eis as etapas desse ciclo:

**Conecte-se.** Descubra clientes em potencial e maneiras de encontrá-los e de se conectar com eles.

**Colabore.** Trabalhe com seu comprador para descobrir quais são os problemas dele e a melhor forma de você ajudar. É aqui que acontece a parte do "conselheiro de confiança".

**Crie.** Crie um entendimento mútuo de valor. Lembre-se: o valor vai além da parte monetária da transação. É aqui que você descobre o que o cliente realmente deseja.

**Confirme.** Certifique-se de ter escutado com atenção o que o cliente disse. O velho ditado "Existe um motivo para termos dois ouvidos e uma boca" se aplica de verdade aqui.

**Feche a venda.** Por fim, leve o cliente a fechar a venda (dica: não basta pedir a ele que compre seu material).

Para mostrar como essas etapas estão interligadas, vamos apresentar um gráfico no início dos cinco próximos capítulos.

Está animado? Claro que sim. No próximo capítulo, vamos nos conectar.

## LIÇÕES DO CAPÍTULO 4

- Uma venda baseada no relacionamento significa que você conquista a confiança primeiro e depois descobre de que o cliente necessita.
- Isso significa que é preciso fazer networking. Sinto muito, mas é a realidade. Tornar-se um conselheiro de confiança é muito mais fácil quando você conhece o cliente pessoalmente.
- Tendo construído o relacionamento, você precisa de uma abordagem sistemática para transformá-lo em vendas. Puxa, e não é que nós temos uma abordagem sistemática?
- O objetivo da venda é atender as necessidades do comprador. O processo de venda de Dale Carnegie é usado no mundo inteiro para atender plenamente as necessidades dos compradores.

5

# Conecte-se

Herb Escher, sócio-gerente da Dale Carnegie em Rochester, no estado de Nova York, demonstra como coloca em prática os princípios de Carnegie para se conectar. Avalie suas habilidades conectivas. Você teria começado a ligação abaixo do mesmo jeito que Herb?

Recebi uma ligação de uma cliente em potencial. Sharon me procurou porque ela e o marido enxergaram uma oportunidade de desenvolver lideranças. Ao telefone, ela me transmitiu uma evidente paixão por seu pessoal. Eu nunca tinha ouvido falar daquela empresa. Sabia que a primeira coisa que eu tinha que fazer era ficar frente a frente com eles, para entender por que achavam tão importante desenvolver suas lideranças. Depois que desliguei, fiz uma busca sobre a empresa no Google e no LinkedIn. Vi que ela fabricava maquinário pesado e era um negócio familiar. Fui de carro para a reunião, nos subúrbios de Buffalo, localizei o prédio e notei que não tinha nem placa na fachada. Na sala de espera, havia fotos dos funcionários com o número de anos de serviço de cada um. A maioria já estava na empresa havia 10, 30, até mesmo 40 anos. A recepcionista me disse que trabalhava ali fazia 28 anos e que tinha feito amigos para a vida toda.

Sharon me levou até a sala de reuniões, onde Brad, o diretor de operações, estava sentado. Ela me apresentou a Brad, afirmando que era a terceira geração da família no comando da empresa. Brad se levantou, apertou minha mão e me deu boas-vindas. Sentei, olhei para ambos e disse: "Uau! Eu estava na sala de espera e fiquei impressionada ao ver as fotos dos funcionários e o número de anos de cada um trabalhando aqui. A recepcionista me disse que está aqui há 28 anos e que fez amigos para a vida inteira."

Perguntei o que os levara a possuir uma cultura tão forte. Ambos olharam para mim e sorriram, orgulhosos. Sharon me agradeceu por ter percebido e disse que também tinha feito amigos para a vida inteira trabalhando ali. Brad me contou que gostavam de fortalecer uma cultura baseada no respeito. Começou a me contar a história da empresa. Passamos a conversar sobre liderança e por que Brad queria ver seus líderes se fortalecerem. Enquanto ele falava, eu ia tomando nota no meu iPad. Quando terminou, perguntei: "Antes de dizer como posso ajudar, eu poderia fazer um tour?" Brad respondeu: "Eu mesmo levo você! Mas antes me fale mais da Dale Carnegie Training." Expliquei, então, o que fazíamos, certificando-me de focar no contexto do que ele estava lutando para realizar. Sharon e ele assentiam com a cabeça, sorridentes.

Brad iniciou o tour pela sua sala de descanso, que, como explicou, sempre tinha comida para que a equipe pudesse se alimentar a qualquer momento. Em seguida, me levou para o chão de fábrica, mostrando o maquinário que eles produziam e como produziam. Ele me mostrou a soldagem das máquinas e explicou o processo de solda. Perguntei-lhe se vinha tendo dificuldade em manter soldadores, em razão da escassez no mercado. Ele destacou que é crucial ter soldadores suficientes; quando estão em falta, é impossível entregar os produtos. Perguntei quantos soldadores havia e ele respondeu 120. Respondi com outra pergunta: "Então ter líderes capazes de motivá-los poderia lhe proporcionar uma verdadeira vantagem competitiva?"

"Isso mesmo!", respondeu ele.

Perguntei-lhe se o sindicato já tinha abordado o pessoal da fábrica dele.

"O tempo todo! Buffalo tem um monte de sindicatos."

"Então é importante para a empresa que os seus líderes reforcem a confiança?"

"Sim, importantíssimo." Em seguida, contei a ele sobre nossa pesquisa de engajamento e como ela se relacionava com o que eles estavam tentando fazer. Depois, Brad me mostrou a academia de ginástica, de padrão internacional, e ficou claro quanto o bem-estar era importante para a empresa.

Sentei de novo com Brad e Sharon. Perguntei a ambos: "Quais são os seus prazos?" Eles me disseram: "Para ontem." Então expus, passo a passo, um programa que podia ajudá-los a atingir seus objetivos e apresentei um valor realista de investimento. Eles me disseram que queriam começar em abril.

Formulamos um calendário para o projeto, prevendo uma data inicial. Eu disse que tinha elaborado uma proposta para eles analisarem e seguirmos em frente.

Enviei um e-mail agradecendo pelo tempo deles e informando que tinha feito o primeiro esboço da proposta. Eles responderam por e-mail que nós éramos o que eles estavam procurando, mas queriam reduzir um pouco o projeto. Fiz então algumas alterações e concordamos em continuar trabalhando juntos.

A primeira coisa que fiz foi me conectar. Muitos vendedores ficam ansiosos imaginando o que pode estar dando errado, mas eu queria focar no reconhecimento de quem eles eram. É por isso que a pré-abordagem não pode ser apenas pela internet. Quando alguém lhe disser para se sentar, não se contente em ficar sentado na sala de espera. Puxe assunto com as pessoas, para saber o que elas apreciam no trabalho. Sua missão é fazer amizade e conquistar confiança. Em seguida, olhe as paredes à sua volta, à procura de coisas que sejam dignas de orgulho. Podem ser patentes, anúncios, reportagens ou prêmios. Quando você conquista essa confiança, as pessoas se abrem para contar a verdade a respeito daquilo que está acontecendo, porque você derrubou o muro do "Estou aqui para lhe vender uma coisa".

Conectar-se para conquistar confiança é a sua base. Qual é, então, o valor de compreender um processo de venda como um todo? O processo de venda, na verdade, é apenas a aquisição de insight em relação a como o cliente compra. Depois que você entende como o cliente compra, fica mais fácil para ambos. Eis alguns conselhos práticos de Rick Gallegos, sócio-gerente da Dale Carnegie em Tampa, no estado da Flórida, que ganhou vários prêmios globais e reconhecimento tanto por penetração de mercado quanto pela eficiência no treinamento de vendas:

Quando iniciei minha carreira como vendedor da Dale Carnegie Training, recém-saído da faculdade, eu era muito entusiasmado e simpático. Achava que essas duas características fundamentais iam me levar direto para o topo da equipe de vendas, que tinha 10 pessoas! Na faculdade, pelo menos, havia funcionado muito bem. Cara, como eu estava enganado! Depois de seis meses, quando minha bolsa de treinamento acabou e comecei a viver das comissões, eu estava 3 mil dólares negativo por conta das vendas fracas, e minha sensação era de que meu prejuízo era de 1 milhão. Nada do que eu tentava dava certo. No escritório, a piada era: "Talvez ele tenha que fazer o curso de vendas; piorar não vai!" Bem, eu fiz o curso, e isso transformou a minha vida. Aprendi que cada venda é um *processo* que exige preparação e execução. Depois que aprendi esse sistema, tudo ficou muito mais fácil. Eu tinha um manual para seguir, e segui direitinho. Do último passei ao segundo lugar na equipe e ao longo de um ano me mantive no topo da equipe. Fui promovido a líder de equipe, gerente de vendas e vice-presidente de vendas. Sempre penso naqueles primeiros anos da minha carreira quando eu vendia um programa de venda e conto essa história o tempo todo, para que todos saibam o valor do que estão aprendendo.

Agora, vamos entrar nesse processo. É hora de ir para a rua e encontrar esses clientes em potencial. Quer você esteja há 30 anos ou 30 minutos em vendas, uma coisa não muda: não há como ter êxito com apenas um cliente, por maior que ele seja. Você precisa de outro, e de outro depois desse outro. Precisa alavancar um comprador para conseguir o próximo – ou os próximos. A prospecção é essencial. Ao longo da sua carreira, às vezes será preciso substituir clientes, e com certeza você precisará encontrar outros.

## A diferença entre um "prospecto" e um lead

Vamos nos certificar de que compreendemos os termos que serão usados. Na terminologia de vendas, um *prospecto* é diferente de um *lead*. O prospecto é alguém que pode vir a comprar de você. É uma pessoa de carne e osso. O prospecto é quem assina o cheque. Um lead não é uma pessoa de carne e osso. Em geral, existe em forma de informação, que às vezes é uma trilha rumo ao verdadeiro prospecto. Por exemplo, um lead pode ser o nome, o número de telefone ou o e-mail de alguém que visitou seu site e baixou informações. Um lead dá acesso a um prospecto, que, se tudo correr bem, será alguém responsável pela tomada de decisões.

## Métodos de prospecção

Nos velhos tempos da Corrida do Ouro, os prospectores enfiavam a bateia na areia do rio e pegavam uma amostra. Iam filtrando as partes que não queriam e tentando encontrar pepitas de ouro, que vendiam em troca de dinheiro vivo.

Essencialmente, é isso que fazemos em vendas. Vamos até o rio de pessoas mundo afora e procuramos candidatos a seu produto ou serviço.

Que métodos de prospecção você pode usar para encontrar esse rio de gente? Estou até ouvindo você. Provavelmente está dizendo: "Por favor, não me peça para fazer cold call.* Eu odeio cold call. A cold call morreu, não? Alguns gurus de vendas dizem que morreu. Não me obrigue a fazer cold call."

---

\* Técnica de vendas que consiste em entrar em contato com pessoas que não manifestaram interesse pelo produto em questão. (N. do E.)

## A cold call morreu?

Confie em nós. Também não gostamos do tipo de cold call em que você está pensando. Daquele tipo que é efetuada na hora do jantar e quando atendem o vendedor diz: "Você quer economizar 30% na sua hipoteca?" Ninguém gosta disso. Não gostamos de fazer esse tipo de chamada, tampouco de recebê-la.

Mas a cold call não morreu. Ela funciona. Se não funcionasse, ninguém faria. É um desses métodos testados pelo tempo, como separar a roupa colorida da branca, que você pode até tentar ignorar por algum tempo até reconhecer que é uma boa ideia. A cold call é um passo necessário, como lavar as roupas brancas em água quente.

## Dicas legais para a cold call

John Torre[7] oferece algumas boas sugestões para facilitar a cold call:

A primeira coisa a fazer – antes de pegar o telefone para fazer uma cold call – é o dever de casa. Visite o site do prospecto por um ou dois minutos. Familiarize-se com a empresa, com o que faz, com o papel da pessoa naquela empresa. Esse processo ajuda muito na ligação propriamente dita, porque acrescenta um toque mais personalizado a ela, mostrando ao prospecto que você está genuinamente interessado nele.

Trabalhe também a sua apresentação. Apresentações mornas tendem a ser uma garantia de que vão desligar nos primeiros 30 segundos. O impacto que sua saudação deixa em um prospecto é o que vai determinar por quanto tempo ele permitirá que você fale com ele. O truque é atingir um equilíbrio entre formalidade e charme casual. Sua saudação também deve conter seu nome e o nome de sua empresa, assim como um pouco de informação sobre ela. Evite dar a impressão de estar sendo vago e impreciso apenas para conseguir marcar uma reunião.

Quando finalmente conseguir falar com alguém, não desvie do assunto – vá direto ao ponto. Pense nisso como uma declaração de sua razão para ligar. Uma das maneiras mais eficazes de declarar seu propósito é formulá-lo como uma pergunta. Abrir com uma pergunta acende o potencial para uma conversa, que é aquilo que a maioria dos prospectos acha melhor, em vez de ter que aguentar uma chamada de venda excessivamente ensaiada.

Talvez o ponto onde os vendedores mais deixem a peteca cair seja o follow-up. Toda ligação exige algum tipo de follow-up, sobretudo quando se deixou uma mensagem de voz. Um e-mail curto, depois de deixar uma mensagem de voz, é uma das melhores maneiras de fazer follow-up de uma chamada, principalmente quando contém informações úteis. Depois disso, deixe passar algum tempo antes do contato telefônico seguinte. Espere no mínimo três dias antes de fazer um novo contato com um prospecto. Menos que isso dará a ele a impressão de estar sendo pressionado ou assediado.

Apesar da facilidade e da conveniência do marketing de massa por e-mail, as vendas ainda são uma questão de talento conversacional do vendedor. As pessoas preferem comprar daqueles de quem gostam e em quem confiam. É por isso que é tão importante o vendedor fazer um esforço sincero em suas ligações. Logo, observe e obedeça os conselhos listados antes. Fazendo isso, você estará bem encaminhado para uma cold call mais bem-sucedida.

# O networking, revisitado

O networking é outro método de prospecção que gera medo no coração de quase todo mundo no primeiro momento. Entrar em uma sala cheia de gente que você não conhece pode ser uma experiência aterradora. (Existe um motivo para geralmente colocarem um bar na entrada. Todo mundo ali também está nervoso!)

Digamos que você seja novato ou sinta que seus talentos de networking precisam de algum aprimoramento. Todos conhecemos aquele cara, com um terno que parece saído dos anos 1990, que fica andando de grupo em grupo, só pelo tempo suficiente para entregar o cartão e passar para a próxima vítima. Você não quer ser esse cara. Eis algumas dicas para fazer o networking com facilidade. (Acredite em nós, pode ser bem divertido!)

Primeiro, para perder o medo de um evento de networking e adquirir confiança, reflita sobre estes cinco princípios – simples, profundos e comprovados pelo tempo – de relações humanas de Dale Carnegie:

- Princípio 4: Desenvolva um interesse genuíno pelos outros.
- Princípio 6: Lembre-se de que o nome de alguém é, para a pessoa, o som mais agradável e mais importante de qualquer idioma.
- Princípio 7: Seja um bom ouvinte. Encoraje os outros a falar de si mesmos.
- Princípio 8: Fale sobre assuntos que interessam ao outro.
- Princípio 9: Faça o outro se sentir importante – e seja sincero.

Agora, eis uma abordagem prática para aplicar esses princípios em um contexto de negócios:

## A entrevista de networking

Ao fazer networking, estabeleça uma meta de passar 80% do tempo escutando e 20% do tempo falando. Use esta tabela como guia. Como escreveu Dale Carnegie: "Desenvolva um interesse genuíno pelos outros. Seja um bom ouvinte e encoraje os outros a falar de si mesmos."

| IMAGEM | LEMBRETE |
| --- | --- |
| | Comece se apresentando e dando um aperto de mãos: *"Prazer em conhecê-lo, meu nome é..."* |
| | Sorria e faça um comentário positivo, como: *"Que palestra fascinante!"* |
| | Informe-se sobre o trabalho do outro: *"Que empresa você representa?"* *"Qual a sua função?"* |
| | Descubra se a pessoa está ali por um motivo específico: *"O que trouxe você até aqui?"* |
| | Descubra os problemas ou transformações que a pessoa e a empresa dela têm vivenciado: *"Que problemas ou transformações vêm afetando você e sua empresa?"* |
| | Compartilhe uma história de sucesso, se for apropriado. |
| | Descubra como você pode ajudar a pessoa: *"O que posso fazer por você?"* |
| SAÍDA | Para encerrar a conversa de forma elegante, diga apenas: *"Foi um prazer conhecer você, (nome). Talvez a gente possa tomar um café em breve."* *"Foi ótimo encontrar você, (nome). Amanhã vou adicioná-lo no LinkedIn!"* |

Jonathan Vehar, vice-presidente de produtos da Dale Carnegie Training, conta como conseguiu um cliente importante a partir de uma conversa sobre cachorros, durante uma convenção sobre pensamento criativo:

A esposa de um dos nossos sócios estava na plateia e, durante o intervalo, puxou assunto com outro espectador que tinha colocado biscoitos caninos no "crachá criativo". Como ela adorava cães, foi fácil puxar conversa. Enquanto falava e ia descobrindo mais sobre ele, seus cães, família e emprego, ela ficou sabendo que ele estava precisando dos serviços da nossa empresa. Isso a levou a apresentá-lo a nosso sócio e apresentar nossa empresa à empresa dele, dando origem a um relacionamento de longo prazo; aquela empresa foi nossa maior cliente durante vários anos. Isso ilustra o poder do princípio 8: "Fale sobre assuntos que interessam ao outro."

Nenhuma conversa sobre esse assunto estaria completa sem tocar no tema do networking nas redes sociais. Ele é mais bem utilizado *em combinação* com o networking presencial ou, caso você venda on-line, pelo menos marcando videoconferências. É o melhor jeito de manter a conversa em andamento.

"Não, não é verdade", você pode dizer. "Tenho milhares de assinantes das minhas newsletters, mas poucos contatos nas redes sociais."

Acreditamos em você. Mas como vai converter esses assinantes em vendas se nunca os encontra pessoalmente ou por videoconferência? Sim, você pode ter certo êxito. Mas lembre que as pessoas compram daqueles em quem confiam. E se você tiver a opção de comprar "daquele cara que escreve a newsletter do Widgets R' Us" ou "do Scott, cujo filho estuda na mesma escola que o meu e que vende widgets", quem vai levar a venda?

Já dissemos antes, e vamos repetir muitas e muitas vezes: *O jeito de evitar que a venda seja uma enganação é focar na construção de relacionamentos autênticos, em que você consiga se tornar um conselheiro de confiança.* É possível fazer isso somente por meio do networking on-line? Sim. Mas é muito, muito mais difícil do que arregaçar as mangas e ir para a rua.

Esse conselho chega até você vindo literalmente da pessoa que escreveu o livro sobre influência. Confie em nós, funciona.

## Indicações

Aproveitando que estamos comentando as coisas que instilam medo no coração dos vendedores, mas também são realmente eficazes, vamos falar dos pedidos de indicações. Em nosso podcast *Sell Like a Pro* (Venda como um craque), damos muitos detalhes de como obter indicações. É realmente uma das habilidades centrais em vendas, mas pode gerar muita ansiedade desnecessária.

Para muitos de nós, pedir para ser indicado é mais ou menos como pedir a um cara a irmã dele em namoro (ou o irmão, se for o caso). Pode ser constrangedor. "Oi, e aí? Pois é, será que você por acaso conhece mais alguém interessado?"

Não precisa ser assim! Se você encarar de outra forma, isso pode realmente se tornar uma extensão natural da conversa. De longe, a ferramenta mais poderosa ao abordar um novo prospecto é uma indicação – um endosso de alguém que o prospecto conhece e respeita. Pode vir de um amigo, de um colega de empresa ou de ambos. Para os craques das vendas, obter indicações é sempre uma das maiores prioridades.

Se você fechou uma venda, então sabe que encontrou uma pessoa que valoriza sua solução. Se Joe, o motorista de aplicativo, tivesse dito a Matt "Se souber de outra pessoa que precise de uma carona até o aeroporto, me avise, amigo", o que você acha que Matt teria respondido? "Senhor, estou profundamente ofendido com o seu pedido. Não quero que nenhum amigo ou parente meu chegue ao aeroporto a tempo. Que petulância pedir isso!"? É claro que não. Quando você é um conselheiro de confiança, outras pessoas *vão querer* falar de você com outras. Elas ficam bem na foto fazendo isso!

E se você não tiver fechado a venda? Talvez não fosse o momento ideal ou aquela pessoa nem fosse comprar seu produto. Pedir uma indicação é tão ruim assim? Não. Nem nesse caso.

Alguma vez você já saiu para fazer compras e viu uma coisa que não servia para você mas era perfeita para um conhecido seu? Podia ser uma camisa do tamanho ou estilo errado para você que você olhou e pensou: "O Jerry ia amar!"

Essa é a mesma mentalidade que você usa ao pedir que o indiquem. Você está tentando achar o Jerry que adoraria o que você tem para vender. Não está pedindo o telefone da avó de alguém para poder ligar para ela e importuná-la na hora do jantar. Só está perguntando ao outro se ele conhece alguém com o problema que você tem capacidade de resolver. Mas você *precisa* perguntar. E precisa perguntar do jeito certo.

## Como conseguir indicações:
## o jeito certo e o jeito errado

Todos nós, vendedores, já caímos em armadilhas ao pedir indicações que podem nos levar à pessoa errada ou simplesmente a indicação nenhuma. Por exemplo, perguntar "Sabe de alguém que possa estar interessado?" é um erro. É uma pergunta fechada, para a qual a resposta pode ser um simples "não". Ao perguntarmos por "alguém", isso não ajuda o comprador a pensar em alguém que poderíamos contatar. Por isso, seja mais objetivo. Fale em um "quem" específico, não um vago e genérico "alguém" ou "alguma pessoa".

Pergunte sobre outra pessoa que o cliente conheça e que possa ter um problema semelhante, que seu produto ou serviço resolva. Quanto mais específicos formos, maiores serão nossas chances de conseguir uma indicação. "Quem você conhece que está tendo problemas de confiabilidade do produto?" "Quem vem tendo problemas com assistência técnica para o computador?" "Quem você conhece que quer obter o mesmo resultado?" Essas são perguntas com um foco bem claro, com chances melhores de gerar boas referências.

Vá a simpósios e troque cartões de visita. Converse com pessoas que ocupem posições de contato com o público, como o pessoal da recepção e os assistentes pessoais. Depois de qualquer conversa sobre negócios, sempre peça uma indicação. E sempre agradeça.

## Não desperdice uma indicação

Indicações são portas que se abrem para você. Não as desperdice por falta de conhecimento. Gaste o tempo que for preciso para pesquisar sobre o indivíduo, o departamento, a empresa e o problema que precisa ser solucionado. Tendo certeza de que aprendeu o máximo que podia, você estará pronto para fazer o primeiro contato com o prospecto. Quase sempre isso se dará por meio de uma ligação. Caso tenha o e-mail do indicado, não fará mal enviar uma mensagem informando a pessoa de que você vai entrar em contato. Caso não obtenha uma resposta, deverá supor que seu e-mail não foi recebido ou não foi lido.

## Os três elementos da ligação para o indicado

Lembra-se da declaração de credibilidade que fizemos antes? É um ótimo momento para utilizá-la. Quando você fizer a primeira chamada, as palavras iniciais que usar são as mais importantes. Por isso, é bom dizer a coisa certa. Siga o seguinte modelo: sempre diga o seu nome primeiro, mesmo que a pessoa com quem estiver falando não faça ideia de quem você é. Em seguida, peça para falar com seu indicado e cite o nome e a empresa da pessoa que lhe deu o contato.

Pode ser algo mais ou menos assim: "Bom dia. Meu nome é Steve Parker. Estou ligando para Janet Sloan, por indicação de Brian Hunt, do *Wall Street Journal*." Perceba três elementos: (1) seu nome; (2) o nome da pessoa com quem você quer falar; (3) a identidade da pessoa que lhe deu a indicação.

Caso esteja ligando para um escritório, em alguns casos lhe perguntarão o motivo da chamada. Aí, novamente, cite o nome da pessoa responsável pela indicação e acrescente alguma informação sobre como você a recebeu. Você pode dizer: "Brian sugeriu que eu entrasse em contato para falar sobre a assistência técnica para os computadores."

Não fale mais do que isso. Menos é mais. E use apenas o primeiro nome da pessoa que deu a indicação. Uma das chaves para uma comunicação telefônica bem-sucedida é ser ao mesmo tempo muito respeitoso e informal.

Em geral, a pessoa do outro lado da linha vai espelhar o seu tom. Se você estiver tenso, ela ficará tensa. Se estiver calmo, falar com discrição e confiança, receberá de volta a mesma energia positiva.

Conectar-se com o indicado pode exigir mais de uma tentativa. Não pare de tentar, mas não fique tentando eternamente. Obviamente, se você não conseguir chegar à pessoa, simplesmente dirija sua atenção a outro indicado.

Se conseguir falar com o indicado, apresente-se novamente pelo nome. Em seguida, mencione a pessoa responsável pela indicação, juntamente com uma breve explicação para sua chamada. "Brian Hunt, do *Wall Street Journal*, sugeriu que eu ligasse para falar sobre a assistência técnica de seus computadores."

Caso receba um retorno neutro ou positivo, dê mais um passo: "Tive a oportunidade de ajudar Brian com um programa de suporte de informática, e ele achou que você poderia estar à procura de algo semelhante. Seria isso mesmo?"

Se a pessoa concordar com o que você disse, prossiga como em uma chamada comercial normal. Se discordar, comente por que ela teria sido indicada a você. Pode dizer, por exemplo: "Talvez eu não tenha recebido a informação correta. Não imagino por que Brian me deu seu nome."

Em alguns casos, isso abrirá uma porta para continuar a conversa. Em outros, será apenas uma oportunidade para você pular fora de um indicado que claramente não está interessado. Ocasionalmente, isso pode até levar a outra indicação. Em todo caso, comunique o resultado à pessoa que deu o contato. Ela gostará de saber o que aconteceu e pode indicá-lo mais vezes por conta disso.

## Mensagens de voz

Mais uma coisa antes de mudarmos de assunto: e as mensagens de voz? Quer admitam ou não, os vendedores em geral encaram as mensagens de voz de forma bastante cética. Dizem a si mesmos: "Ah, tá. Vou deixar uma mensagem; quem sabe eu consiga um retorno." Não acreditam de verdade nisso, mas alguns de nós sentem tanto alívio por não ter que falar com a pessoa que mesmo assim deixam um recado. É assim que evitamos lidar com uma reação potencialmente negativa.

Isso pode levar a algumas formas perigosas de pensar. No final do dia, podemos até nos sentir bem por termos feito várias chamadas e deixado um monte de mensagens, mas nossa produtividade real foi mínima. Com o passar do tempo, isso acaba tendo um impacto.

A mensagem de voz acaba se tornando o ponto de partida para localizar a pessoa com quem você está tentando falar. Isso porque você não deixa que se torne o ponto de encerramento. Essa é outra área em que a importantíssima declaração de credibilidade pode vir a calhar.

Portanto, pegue o celular e faça o possível para falar com uma pessoa de carne e osso. Ao conseguir conectar-se com alguém, eis como o diálogo pode ser: "Olá, você poderia me ajudar um momento? Estou tentando entrar em contato com o sr. X e caí na caixa de mensagens. Você saberia dizer se ele está almoçando, se está de folga ou em uma reunião?"

Perceba que você não está só pedindo para localizar o sr. X. Também está propondo possíveis soluções para encontrá-lo. Isso ajuda a pessoa que atendeu o telefone a sentir-se parte do processo de solução do problema.

O atendente provavelmente dará uma de duas respostas. A primeira é: "Sim, ele está em uma reunião (ou almoçando, ou de folga) e não sei ao certo a que horas retornará à mesa dele."

Essa resposta já lhe deu muito mais informação do que você teria se tivesse apenas deixado uma mensagem de voz. Agora você já sabe o paradeiro do seu contato em tempo real e pode ligar de novo em um horário melhor.

A segunda resposta possível é: "Não, realmente não sei onde ele está." Nesse caso, você diz: "Tudo bem. Você sabe se alguém que trabalhe no mesmo setor, perto da sala ou da mesa dele, pode dizer onde ele está?" Uma vez mais você está oferecendo outra opção. A pessoa pode transferi-lo para um colega do seu contato, que poderá ajudar você.

Mas o atendente também pode responder: "Não, não conheço ninguém do setor dele." Então você diz: "Por acaso você teria o WhatsApp ou o celular dele?"

Caso o atendente não possa ajudá-lo nisso, diga apenas: "Muito obrigado. Fico realmente grato por sua ajuda." Desligue e volte a ligar em outra hora.

Ainda assim, você estará muito melhor do que se tivesse simplesmente deixado uma mensagem de voz e se contentado com isso. Terá sido bem mais proativo e resiliente. E, com uma frequência maior do que imagina, você conseguirá falar com seu prospecto simplesmente porque deu alguns passos a mais.

Os elementos mais importantes para localizar novos prospectos – seja por indicação, seja de outra forma – são o otimismo e a resiliência. Crie uma confiança interior em que você vai encontrar novos compradores, mesmo que encare alguma rejeição no caminho. E, como Dale Carnegie sempre ressaltou, é essencial demonstrar interesse genuíno pelas pessoas.

Podemos perceber isso em nossos relacionamentos. Quando conversamos com alguém, é fácil notar rapidamente se a pessoa gosta de nós de verdade ou se é indiferente – e a probabilidade de fazer negócio com quem gosta de nós é muito maior.

Às vezes você falará com um prospecto que, a princípio, parecerá desinteressado em você. Quando isso acontecer, suas chances de convertê-lo vão ser muito maiores se você expressar interesse nele – nas necessidades dele e em como seu produto ou serviço pode atendê-las.

# O clipe que se transformou em uma grande venda

Jonathan Vehar conta uma história ótima que ilustra quão importante é encontrar uma conexão, mesmo quando você não tem a intenção de se conectar de um determinado jeito:

Respondendo a um pedido de informação tratado por um assistente, enviamos ao cliente em potencial um pacote de informações que continha 45 dólares em materiais: uma cópia do nosso livro, um catálogo bastante caro, um vídeo de demonstração, outros materiais de vendas e um cartão de visita, tudo acompanhado de um clipe colorido que, por acaso, tinha uma das cores da nossa empresa.

Uma semana depois, fiz a ligação de follow-up, e o prospecto se lembrou de mim dizendo: "Sim, claro! Você é aquele que me mandou aquele maravilhoso…" – àquela altura eu estava achando que ele ia falar do nosso livro, ou do catálogo, ou talvez do vídeo – "clipe! Eu nunca tinha visto um igual!"

Embora eu tenha ficado um pouco decepcionado por ter sido aquilo que chamou a atenção dele, procurei me animar, e tivemos uma ótima conversa sobre cores e como elas enriquecem o local de trabalho. Depois daquela conversa, ele virou um cliente com quem trabalhei durante anos. Procure oportunidades e faça conexões, por menores ou mais inesperadas que sejam.

## Outras formas de se conectar

Até agora falamos de cold call, networking e indicações. Que outros métodos de prospecção você pode usar para preencher seu *pipeline* e conectar-se com prospectos?

**Sites da concorrência.** É ético entrar no site do concorrente e explorar suas histórias de sucesso e seus perfis de clientes? Claro que sim. Estamos em um mundo livre, e se você for capaz de se tornar o conselheiro de confiança de alguém que já está no mercado à procura do produto ou serviço que você oferece, não há absolutamente nada de errado nisso. Lembre-se: o que todos estamos procurando fazer é construir um relacionamento com alguém e ver até onde isso leva. Use os métodos que forem apropriados a seu setor e sua cultura, mas nunca se sinta mal por abordar alguém e tentar estabelecer um relacionamento comercial com essa pessoa.

**Blogs.** Você possui um site ou blog pessoal? Em caso afirmativo, você o atualiza pelo menos uma vez por dia – de preferência, mais vezes que isso? Você contribui com comentários em outros sites? Participa da revolução das redes sociais, que está transformando totalmente a maneira de as pessoas se encontrarem e interagirem?

Todas essas perguntas têm relação entre si, mas a mais importante é a primeira. Caso tenha um site ou blog pessoal, é provável que esteja participando ativamente do universo eletrônico de outras maneiras.

Na prospecção on-line, seu objetivo é ser visto pelo maior número possível de pessoas. Esse objetivo é mais bem atendido quando você é acessível, informal e ativo, sem exagerar. Existem diversas maneiras de conseguir isso. Atualize constantemente as informações do seu site ou blog. Não o deixe parado. Evite que as pessoas acessem o seu site ou blog e vejam a mesma coisa que viram da última vez.

## Prospecção por e-mail

Quer ser mais eficaz com o e-mail? Da próxima vez que estiver para enviar um e-mail a um cliente em potencial, responda "sim" ou "não" às seguintes perguntas:

- Você está enviando o e-mail de modo a evitar fazer uma ligação?
- Você optou pelo e-mail porque ele lhe permite evitar a rejeição que cold calls podem gerar?
- Você espera um retorno por e-mail antes de levar o processo adiante com uma chamada?
- Você está usando o e-mail para avaliar com eficiência seus prospectos e decidir para quem vai ligar?

Você deve ter notado a postura psicológica defensiva por trás dessas perguntas. Antecipar-nos à rejeição nos faz recorrer ao e-mail para gerar novos relacionamentos com prospectos. Ficamos achando que vai doer menos receber uma resposta negativa eletrônica do que ouvir a palavra "não". Por outro lado, podemos usar as ferramentas de marketing por e-mail para contatar apenas as pessoas que abrem, respondem ou encaminham os e-mails, o que é uma tática bem inteligente.

Outra motivação negativa do e-mail é correr o risco de ser bloqueado por filtros ou caixas de mensagens ao fazer ligações. Quando o vendedor não sabe superar essa barreira, pensa: "Esquece, o esforço não vale a pena. Vou só mandar um e-mail."

Como mencionamos, a declaração de credibilidade pode ajudar bastante a reforçar a confiança, e usar o e-mail não é exceção. A maioria dos e-mails de apresentação contém uma abordagem de venda tradicional, em três partes: a introdução, uma miniapresentação do produto ou serviço que está sendo oferecido e um pedido de retorno. Isso diz instantaneamente ao destinatário que a finalidade do e-mail é atingir os seus objetivos, não os dele.

## Armadilhas da prospecção por e-mail

Tendo tudo isso em mente, caso você ainda utilize o e-mail para falar com novos prospectos, atente para as seguintes armadilhas:

1. Evite abordagens de venda óbvias. Fale sobre as questões e os problemas que acha que seu prospecto tem, mas não diga nada que possa indicar que você supõe que ambos possam "dar *match*".

2. Retire o nome da sua empresa do campo "Assunto". Não crie a impressão de que você mal pode esperar para fazer uma apresentação de seus produtos e/ou serviços. O assunto deve limitar-se aos problemas que você pode ajudar o comprador a resolver. Deve falar dele, não de você.

3. Pare de querer ensinar a seus prospectos como se esconder por trás do e-mail. Quando você recorre ao e-mail, fica fácil para eles evitá-lo simplesmente não respondendo. Isso também os acostuma a nunca pegar o telefone para conversar com você. Eles podem ter medo de demonstrar qualquer interesse, por acharem que você vai tentar "cercá-los". Isso cria uma pressão de venda, que é a fonte de todos os males dessa atividade.

   Em seguida, evite usar *eu* no início da sua mensagem. Começar um e-mail com *eu* passa a impressão de que você quer, acima de tudo, vender seu produto. Você precisa iniciar uma conversa; portanto, comunique-se de forma colaborativa, não individualista. Se puder usar uma linguagem natural, seu comprador não vai estereotipar sua mensagem como mais um spam.

## Como pedir uma reunião

Agora que você achou alguém do seu agrado, é hora de marcar o encontro. Não, você não vai levar uma rosa vermelha, mas, para obter um pedido de venda, precisa marcar uma reunião.

Neville De Lucia, da Dale Carnegie Training da África do Sul, gosta de comparar as vendas a um namoro. Diz ele:

> Você não chega simplesmente para uma pessoa desconhecida e atraente e a pede em namoro. Precisa desenvolver uma estratégia para fazer isso. Você vai aos lugares onde essa pessoa está, demonstra interesse nela como pessoa e nas coisas pelas quais ela se interessa. *Só então* você pode chamá-la para sair.
>
> Vender é uma questão de atividade. Em tempos difíceis, seja ainda mais ativo. Se antes eram necessárias 10 reuniões para fechar uma venda, e agora você leva as mesmas 10 reuniões para fazer a venda, sua taxa de atividade tem que mudar. Aprimore seus talentos, identifique seus clientes e coloque tudo isso em seu processo de venda.

Quando você chega ao estágio de sentir-se pronto para pedir uma reunião, o processo é bastante direto. Para pedir a reunião, elabore sua própria *frase poderosa de reunião*. Ela deve ser algo mais ou menos assim:

1. O motivo do contato, relacionado às questões centrais.

2. Uma frase sucinta sobre como você tem resolvido problemas como os da pessoa.
3. Uma forma de pedir uma reunião ou a permissão para fazer perguntas.

Um conselho bastante simples de De Lucia é certificar-se de que a pessoa colocou a reunião na agenda; assim, as chances de que ela cancele são menores. Quando a pessoa disser "Claro, dê uma passada aqui no escritório", pergunte a ela: "Quando é mais conveniente para você?" Emende, depois, com um convite na agenda eletrônica.

"Vender é o talento mais precioso do mundo", conclui De Lucia.

## A pré-abordagem

O último tópico deste capítulo é aquilo que gostamos de chamar de *pré-abordagem*. É a pesquisa que você faz antes da reunião, para poder enquadrar de forma eficaz a conversa. Eis algumas coisas que convém checar previamente:

- Informações-chave sobre a pessoa, a empresa, o setor, etc.
- Os objetivos específicos da chamada.
- Questões que representem oportunidade de venda.
- Temas em comum ou contatos que possam ser úteis.
- Recursos que você pode oferecer e que acrescentem insight ou valor.

## LIÇÕES DO CAPÍTULO 5

- Um *prospecto* é a pessoa que pode comprar de você; um *lead* é uma informação, geralmente obtida por meio da pesquisa de compradores, que o leva a um prospecto.
- A cold call não morreu, mas também não é aquilo que você imagina.
- O networking é uma excelente forma de iniciar um relacionamento autêntico.
- O networking nas redes sociais é mais útil *antes ou depois* do networking ao vivo.
- A indicação é a melhor fonte de prospecto, se for abordada da forma correta.
- Tome cuidado para não usar o e-mail como fuga de outras formas de prospecção.
- Use a pesquisa pré-abordagem para identificar alguns temas de discussão antes da reunião.
- O segredo do networking é simples: desenvolva um interesse genuíno pelos outros.

# 6

# Colabore

"Pode entrar, Edward. Sente-se."
Edward Perlman estava satisfeito por ter conseguido aquela reunião com Stan Brown, vice-presidente de operações de uma das maiores redes de supermercados do país. A empresa de Edward produzia tecnologia de ponto de venda (PDV) para lojas e ele estava lá para falar de como atualizar os caixas da empresa.

"Obrigado por me atender", disse Edward, puxando uma cadeira. Depois de jogarem um pouco de conversa fora, entraram no assunto: "Pois bem, me fale um pouco dos problemas que vocês vêm tendo com seus sistemas PDV."

"Nosso maior problema é que nossos caixas são muito lentos. Nas horas de pico, nosso quadro de funcionários está completo e todos os caixas abertos. Isso resulta em um aumento da despesa por hora, porque temos que remunerar mais empregados por turno. Se os caixas fossem mais eficientes, não teríamos necessidade de pagar tantas horas de mão de obra.

"Precisamos de duas coisas: reduzir o número de caixas, de modo a acelerar as transações, e treinar os caixas a falar menos. O bate-papo deles com os clientes está retardando o atendimento."

Àquela altura, Edward já podia começar a abordagem de venda. Afinal, o prospecto explicou com muita clareza o que queria, certo?

Errado. Stan relatou o que ele *achava* que fosse a solução para seu problema. O fato é que ele não estava necessariamente correto em relação a qual era o verdadeiro problema, que dirá a solução. Ele só conhecia as soluções que foi capaz de encontrar pesquisando sobre a empresa de Edward. Se Edward fosse capaz de fazer mais perguntas para obter informações adicionais, conseguiria então descobrir qual era o real problema de Stan.

Em nossa experiência, raramente o problema que o cliente descreve no início é o que ele precisa resolver. Ao pressupor que aquilo que o cliente pede é o que realmente quer, desperdiçamos a oportunidade de levar a conversa para além de uma simples transação e transformá-la em um relacionamento de longo prazo, em que focamos em entregar o que é necessário para o cliente alcançar o sucesso.

# O poder das perguntas

Dan Heffernan afirma:

> Se você tivesse que pegar apenas um dos princípios de Dale Carnegie e dominá-lo de forma a tornar-se um excelente vendedor e ter sucesso na vida, para mim seria este: "Tente honestamente enxergar as coisas do ponto de vista do outro." Vi vendedores com grande empatia obter resultados incríveis porque se importavam de verdade. Por exemplo, este ano tivemos uma vendedora de 26 anos entrando no ranking das 50 maiores empresas de tecnologia da revista *Fortune* praticamente só por conta da empatia com os clientes. Testemunhei-a atingir um volume de vendas quatro vezes maior que o de colegas com décadas de experiência. A maioria dos outros representantes conhecia melhor nossos produtos e tinha talentos mais refinados. Mas a capacidade dela de ouvir e ter empatia é tão profunda que se tornou um fator mais poderoso na obtenção de resultados. No âmago desse princípio, você precisa fazer perguntas eficazes para compreender o mundo do ponto de vista do cliente, de modo a poder ajudá-lo. Às vezes é algo natural para você, mas, caso não seja, tudo bem: nós temos o mapa do caminho.

## O modelo de questionamento

A Dale Carnegie Training desenvolveu aquilo que chamamos de Modelo de Questionamento, para ajudar você a descobrir aquilo de que o cliente realmente necessita. Trata-se de uma série de perguntas que orientam o comprador pelo caminho da descoberta. Você começa no ponto onde ele se encontra e vai fazendo perguntas que revelam aonde ele deseja chegar.

Esse processo de apuração de informações deve ser usado na conversa a fim de capturar aquelas necessárias para que você apresente suas soluções de forma convincente. Torne sua solução única para cada cliente usando as informações que adquirir com esse modelo. Eis uma representação visual, juntamente com descrições e amostras para cada etapa:

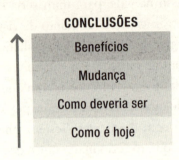

### As perguntas "Como é hoje"

Perguntas desse tipo avaliam a situação atual do cliente. Elas lhe propiciam um panorama das questões cruciais, tais como especificações do produto, tomadores de decisões influentes e problemas que você pode resolver com a sua proposta. Use as informações coletadas na pesquisa pré-abordagem para fazer perguntas bem informadas. Exemplos:

- De que forma (use uma informação da pré-abordagem) impactou sua operação?
- Quem são seus atuais prestadores? Como você os selecionou?
- Como você começou a (use uma informação da pré-abordagem)?
- O que você mudaria em relação a seus prestadores atuais?

## As perguntas "Como deveria ser"

São perguntas que o ajudam a descobrir a visão do cliente em relação à solução numa situação ideal. Elas focam em como essa situação será diferente caso você consiga ajudar a resolver os problemas dele. Exemplos:

- Como isso impactaria vocês?
- Onde você gostaria de estar daqui a seis meses?

## As perguntas "Mudança"

Essas perguntas identificam fatores que impedem o cliente de atingir o "como deveria ser". Elas determinam quais são as necessidades de mudança para que isso ocorra. Exemplos:

- Que mudanças você gostaria de ver?
- Quais outros fatores são importantes para você?

## As perguntas "Benefícios"

Esclarecem como o cliente e/ou a organização se beneficiaria com a solução. As respostas a essas perguntas permitem que você compreenda o que motiva a compra.

Fazer perguntas "Benefícios" é o que diferencia os vendedores bem-sucedidos dos demais. A maioria dos vendedores fica intimidada ao fazer essas perguntas, seja por achar que já dispõe de informações suficientes ou, o que é mais provável, por não querer dar a impressão de ser um desafio. Percebi que, mais que qualquer outro tipo de pergunta, essas levam o cliente a fazer uma pausa e refletir antes de responder. Isso é bom. Sinal de que você está se tornando um conselheiro de confiança. Tendo conquistado a confiança do cliente com os princípios básicos de Dale Carnegie, use o princípio 21 e "lance um desafio". Exemplos:

- Se você puder (como deveria ser), que impacto isso terá sobre sua empresa/equipe?
- O que pode ocorrer quando você puder (como deveria ser)?
- O que você faria com o tempo/ a receita/ os recursos economizados?
- Como você mediria o sucesso dessa iniciativa daqui a um ano?

## Risco *versus* recompensa

Qual é o custo da inação caso seu cliente não faça nada? Essa pode ser uma pergunta incrivelmente persuasiva para a compra.

Um elemento-chave sobre o qual convém fazer seu cliente refletir é: "Qual é o custo de não fazer nada?"

Jonathan conta a seguinte história de uma organização com que trabalhou:

Como nosso serviço [desenvolvimento de novos produtos] estava focado em ajudar o cliente a fazer o negócio crescer, achávamos que essa pergunta sobre o custo de não fazer nada os levaria a parar e pensar sobre a desvantagem de não investir no sucesso futuro. Queríamos mudar o assunto de "Caramba, é muito dinheiro!" para "Puxa, se não gastarmos esse dinheiro, vamos ficar enrolados".

## O poder da pausa

Existem variações de uma cultura para outra, mas quase todo mundo fica constrangido depois de certo tempo de silêncio. O vendedor experiente, no entanto, compreende o poder da pausa. Muitas vezes, a primeira resposta que a pessoa dá a uma pergunta é a que ela *acha* que deve dar; é a primeira que lhe vem à mente. Quando você faz uma pausa, porém, resistindo à ansiedade de tomar a iniciativa e preencher o silêncio, muitas vezes o que é dito depois é mais profundo e autêntico do que a primeira resposta, reativa. Da mesma forma, existem palavras e expressões-chave que fazem com que as pessoas se fechem em uma conversa. Matt Norman (o sujeito da história do aeroporto) dá mais detalhes:[8]

Às vezes uma simples palavra ou expressão é tudo que é preciso para que as pessoas fiquem agressivas ou arredias. Você já parou para prestar atenção em quais palavras ou expressões podem causar isso?

Eis alguns exemplos:

**O abandono:** Meu tio me ensinou a evitar usar a palavra *infelizmente*, como em "Adoraria ajudar nisso. Infelizmente, estou sem tempo". Essa é uma palavra de abandono. Perceba com que frequência o pessoal da assistência técnica usa essa palavra. "Senhor Norman, sua empresa é muito importante para nós. Infelizmente, nossa política não nos permite fazer isso." Argh. Esse é o sinal para lutar ou fugir.

**A ressalva:** O vice-presidente comercial de uma empresa onde trabalhei dava bronca em quem usasse a expressão "para ser sincero", como em "Para ser sincero, acho melhor não fazermos isso". Ele perguntava "Em geral você não é sincero?", para mostrar que a ressalva feita dava a impressão de que em geral a pessoa *não* dizia o que estava pensando. Isso me levou a pensar em quanto as pessoas ficam mais na defensiva quando faço essa ressalva antes de dar uma opinião.

**A tranca:** Mas. No entanto. Certa vez uma colega brincou, dizendo que "mas" é a sigla de *minha avaliação sincera*, como em "Ouvi o que você disse, mas discordo". Isso faz o outro se fechar. Coloca a pessoa na defensiva, de guarda alta.

A vida já tem polarização e conflito de sobra. Vamos evitar contribuir ainda mais com palavras e expressões que abandonam, confundem ou impedem interações.

O que você pode dizer em vez dessas palavras e expressões? Que tal *nada*? O simples fato de omiti-las, substituindo-as por uma pausa relaxada, às vezes é o bastante.

Outra opção é dizer *sim, e*. Talvez você já tenha ouvido essa sugestão, popularizada na comédia de improviso. Poucas atividades exigem mais cooperação que a comédia de improviso. Ela não funciona se as pessoas são abandonadas, tiradas do prumo ou colocadas na defensiva. Ela exige agregar sempre.

O mesmo se aplica a *qualquer* interação. Em reuniões, e-mails e diálogos presenciais, precisamos usar palavras que mantenham as pessoas abertas a ouvir e trabalhar juntas.

# O modelo de questionamento na vida real

John Rodgers, sócio-gerente da Dale Carnegie Training em Pittsburgh e Cleveland, escreve:

Dave, grande vendedor de portas e janelas, estava treinando a formulação de perguntas para aprimorar sua habilidade durante uma sessão coletiva de coaching. Para facilitar o processo, ele aceitou fazer o papel de vendedor para uma pessoa (meu papel) que tinha acabado de comprar um apartamento para alugar e precisava substituir as janelas.

Nós fomos achando uma solução para aperfeiçoar as perguntas "Como é hoje", as "Como deveria ser", as "Mudança" e, por fim, as "Benefícios". Todos participaram. Dave, especificamente, fez anotações excelentes, e todo mundo foi cuidar das próprias tarefas.

Naquela mesma tarde, Dave recebeu uma ligação de um senhor dizendo que tinha acabado de comprar uma propriedade para alugar. Ele e a esposa estavam pensando em comprar janelas novas e queriam saber se Dave podia responder umas perguntinhas. Dave pensou na hora: "Tá na cara que é o John Rodgers me ligando para me testar por conta da aula de hoje cedo."

Com espírito esportivo, ele deu um suspiro e resolveu entrar no jogo. Afinal de contas, em cima da mesa dele estavam as anotações bem-feitas e as perguntas aprimoradas da aula da manhã. Ele pegou tudo com um sorriso e, para ganhar tempo, rapidamente fez a transição das perguntas do cliente para ele próprio, devidamente autorizado, fazer suas perguntas. Foi tudo muito rápido (afinal de contas, eu não estava lá para interrompê-lo e corrigi-lo), e com grande confiança ele começou a fazer perguntas. Então, o senhor no telefone perguntou se ele e a mulher poderiam ir até o showroom conhecer aquilo de que ele estava falando. "Bem, é claro", Dave respondeu, suspirando de novo e pensando: "John está indo longe demais agora" – afinal, ele tinha muito trabalho para fazer naquela tarde – "mas vou continuar o faz de conta."

Para espanto de Dave, o cliente (que não era eu) apareceu no escritório dizendo "Foi comigo que você conversou sobre janelas uma hora atrás" e perguntando se Dave podia mostrar qual era o tipo ideal para a residência dele. Dave deu um pulo, e em 20 minutos o cliente fez uma encomenda de 28 mil dólares. Desde então Dave virou o maior defensor do processo.

Neste capítulo, falamos de maneiras de *colaborar* com o cliente ou prospecto e encontrar de fato os problemas cruciais dele. No próximo capítulo vamos aprender como *criar* soluções para os problemas que revelamos.

## LIÇÕES DO CAPÍTULO 6

- As perguntas que fazemos determinam as respostas que vamos obter. Treine a formulação de perguntas que levem a informações melhores e se mostre um conselheiro de confiança.
- As perguntas "Como é hoje" dão informações adicionais sobre a situação atual do cliente.
- As perguntas "Como deveria ser" informam como o cliente acha que as coisas devem ser, o que permite identificar a que distância está a compra.
- As perguntas "Mudança" se referem àquilo que está impedindo o cliente de conduzir as coisas como deveriam ser. É o que é preciso mudar antes de chegar ao que deveria ser.
- As perguntas "Benefícios" ajudam ambos a compreender qual será o benefício de fazer a mudança.
- O "risco *versus* recompensa" compara o custo da inação à recompensa da ação.
- Procure enxergar, com todo o coração, as coisas a partir da perspectiva do outro.
- Poste nas redes sociais sua principal lição, para aumentar a retenção do aprendizado.

*Converse com alguém sobre ele próprio e ele o ouvirá durante horas.*

– DALE CARNEGIE

# 7

# Crie

Antes de passarmos à etapa "Crie" do nosso processo, eis os princípios de Dale Carnegie que você pode empregar para aprimorar sua capacidade de colaboração e de criação de soluções persuasivas para seus clientes:

## Conquiste as pessoas com o seu jeito de pensar

13. Comece sendo amigável.
14. Faça com que o outro diga "sim" imediatamente.
15. Deixe o outro falar durante a maior parte da conversa.
16. Deixe a outra pessoa sentir que a ideia é dela.
17. Tente honestamente enxergar as coisas do ponto de vista do outro.
18. Demonstre compaixão e compreensão diante das ideias e dos desejos do outro.
19. Apele para motivos mais nobres.
20. Dramatize suas ideias.
21. Lance um desafio.

Vamos revisitar Edward e Stan, do capítulo anterior. Da última vez que vimos nossos amigos, eles estavam em uma reunião, em que Stan dizia que os caixas conversavam demais e eram ineficientes, o que o obrigava a gastar mais com pessoal nas horas de pico.

Pelas respostas de Stan às perguntas feitas com o Modelo de Questionamento, Edward conseguiu descobrir que certa porcentagem dos clientes valoriza a conversa com o caixa. Para eles, é uma parte importante da experiência de compra. Imagine uma senhora idosa cuja única atividade, em um determinado dia, seja ir ao supermercado comprar umas coisinhas. Ela mora sozinha e não tem com quem conversar durante a semana. Se ela chegar ao supermercado e a atendente do caixa for treinada a não conversar com ela, mas levá-la a passar pela fila o mais rápido possível, é provável que ela comece a fazer compras em outro lugar. A necessidade que o supermercado preenche não é tanto a das coisas que aquela senhora compra, é mais uma experiência de compra. Por isso, apressar clientes como ela nem sempre é a melhor solução.

Edward se deu conta de que, se Stan queria não ter que contratar mais caixas, ele podia instalar alguns caixas de autoatendimento para os clientes que quisessem entrar e sair rapidamente. Além disso, a compra de alguns sistemas de ponto de venda (PDV) facilitaria a vida daqueles que estivessem na fila mas também quisessem interagir com os caixas.

São soluções que Edward acreditava que dariam certo para Stan. Agora, ele precisava apresentá-las a ele como um conselheiro de confiança. Novamente, o objetivo não é empurrar os sistemas PDV ou os caixas de autoatendimento. A questão é tornar-se o conselheiro de confiança de Stan e ajudá-lo a descobrir qual é o verdadeiro problema, para verificar se a solução proposta por Edward tem valor para ele.

## Os seis passos-chave para entregar uma solução

Greg Story, autor do livro *Japan Sales Mastery* (O domínio das vendas no Japão), relaciona seis passos-chave para entregar uma solução ao cliente:

1. Informe qual é o fato ou número-chave.
2. Construa uma ponte.
3. Apresente o benefício.
4. Ponha em prática o benefício.
5. Forneça evidências.
6. Teste o comprometimento.

Vamos examinar detidamente cada um deles.

### Informe qual é o fato ou número-chave

A primeira coisa a ser feita ao propor uma solução é pinçar um fato ou uma característica-chave a respeito dela. É preciso que seja algo específico, autêntico, demonstrável e altamente relevante para aquilo que o comprador efetivamente deseja e necessita.

### Construa uma ponte

Antes de fazer um elo entre os fatos e o benefício correspondente, precisamos construir uma ponte para o novo tema da conversa – os benefícios: "Deixe-me explicar por que _____ é importante."

### Apresente o benefício

Só então você pode começar a falar dos benefícios da sua solução. Já foi dito um milhão de vezes, mas vale a pena repetir: *características* e *benefícios* não são a mesma coisa. Não importa quantas luzinhas e sons o seu widget tem. Não importa! O que importa é o que essas luzinhas e sons podem *fazer* pelo seu cliente. Essas são as características.

Quer dizer que não é preciso falar das características? Claro que não. As características levam aos benefícios. Seu papel é resumi-las e em seguida conectá-las aos benefícios.

### Ponha em prática o benefício

Agora é hora de descrever como o benefício se aplica. Não há problema algum em dizer que sua solução traz um benefício. Mas como seu comprador vai aplicá-lo na melhoria da situação dele? Ajude-o a visualizar o sucesso pintando um panorama verbal que o conecte emocionalmente a como deverá ser a solução.

Com certeza você leu o princípio 3: "Desperte no outro um desejo ardente." Não é tão fácil quanto parece, certo? Eis uma dica: pinte um panorama verbal. As pessoas compram pelas mais variadas razões, mas são os fatores emocionais que as levam a *querer comprar*. Use panoramas verbais para resumir o valor da sua solução e acionar o emocional da pessoa, criando um senso de urgência e de superação da procrastinação.

Lembre-se do que o seu cliente quer (o interesse primário) e de por que ele quer (motivo individual). Em seguida, tome estas atitudes:

1. Relembre ao cliente que ele carece do benefício que a sua solução traz. Obtenha a concordância dele.
2. Relembre ao cliente que a sua solução vai ajudá-lo a concretizar esse benefício.
3. Pinte um panorama verbal de como seu cliente aplicará, apreciará e se beneficiará de sua solução.
4. Peça que ele assuma um compromisso.

Seu panorama verbal deve:

- Mostrar o cliente se beneficiando da sua solução.
- Apelar para as emoções dele.
- Ser claro e conciso.
- Ser expresso no presente do indicativo.
- Ser crível e realista.
- Acionar os sentidos – visão, audição, tato, paladar e olfato.
- Apelar para o motivo individual do cliente.

## Forneça evidências

Agora é hora de provar aquilo que você está dizendo. Você pintou um panorama verbal maravilhoso de como as coisas ficarão ótimas se o comprador simplesmente adotar sua solução. Mas, como qualquer pessoa que já assistiu a um debate político pode afirmar, promessas nada significam. "Cadê a prova?" Essa é a hora de compartilhar exemplos, fatos, demonstrações, casos, analogias que mostrem que o que você está dizendo é verdade.

## Teste o comprometimento

Tendo chegado a esse ponto, é provável que o comprador já esteja sorridente e não pare de concordar com a cabeça. Porém, como já vimos, em algumas culturas sorrir e concordar com a cabeça, ou até mesmo dizer "sim", não quer dizer que ele está pronto para comprar. Pode querer dizer: "Sim, entendo o que você está dizendo." Você precisa, então, testar até que ponto o comprador está ansioso para comprar o que você está vendendo. Pode ser algo simples como: "O que lhe parece?" (para pessoas visuais). "Gostou do que ouviu até aqui?" (para pessoas auditivas). "O que está achando?" (para pessoas lógicas). "Como se sente em relação ao que ouviu?" ou "Quer dar uma experimentada?" (para pessoas sinestésicas).

## Edward, Stan e os seis passos

Como nosso amigo Edward aplicaria, então, os seis passos com Stan? Ei-los novamente:

1. Informe qual é o fato ou número-chave.

2. Construa uma ponte.
3. Apresente o benefício.
4. Ponha em prática o benefício.
5. Forneça evidências.
6. Teste o comprometimento.

"Stan, nossa conclusão é de que 90% dos compradores entre 18 e 29 anos consideram os caixas de autoatendimento fáceis de usar, mas apenas 50% daqueles acima dos 60 acham o mesmo. Pelo que você me contou, 45% dos seus compradores são idosos. (1) O que isso significa para você; (2) é que os caixas de autoatendimento terão apelo para a maioria dos seus clientes, mas não para todos.

"O benefício de possuir uma combinação entre caixas de autoatendimento e sistemas PDV é que você pode apelar a todas as faixas etárias. (3) Imagine uma sexta-feira, às 17h30. Hora de maior movimento nos seus supermercados. Você tem quatro terminais de autoatendimento, e seus clientes mais jovens chegam, apressados. Nessa hora, no setor de caixas, o sistema PDV automatizado, como o que lhe mostrei, faz com que as filas andem mais rápido. Os clientes que quiserem conversar com um caixa, para a própria satisfação social, poderão fazer isso, e aqueles que não quiserem podem usar o caixa de autoatendimento. (4) A previsão é que o uso dos caixas de autoatendimento dobre até 2020. (5) O que estou dizendo faz sentido para você?" (6)

Dá para notar que Edward, quando apresentou dessa forma sua solução para Stan, progrediu naturalmente daquilo que ele identificou como os verdadeiros problemas de Stan para como sua solução proposta iria resolvê-los.

O próximo passo, provavelmente, seria Stan começar a suscitar objeções ou receios, assunto de que vamos tratar no próximo capítulo.

# O poder das histórias em vendas

Mas primeiro vamos falar um pouco do poder das histórias em vendas. Neste capítulo, até aqui, sugerimos várias vezes comunicar ao comprador proposições de valor específicas. Alguns meios de proporcionar valor são fatos e benefícios. Nas palavras de Dale Carnegie: "Simplesmente declarar uma verdade não basta. A verdade precisa ser nítida, interessante e dramática."

Uma excelente forma de dar vida a fatos, benefícios e, no fim das contas, às soluções do seu produto é o *storytelling*, ou contar uma história. Fica muito mais fácil para o seu cliente guardar na mente os benefícios e as soluções quando você os concentra em uma história.

Na pesquisa que fez para seu livro *The Hypnotic Brain: Hypnotherapy and Social Communication* (O cérebro hipnótico: hipnoterapia e comunicação social), Peter Brown demonstrou que histórias sincronizam as ondas cerebrais do contador e do ouvinte, permitindo que as mesmas regiões dos dois cérebros se ativem.

Histórias não têm um tom persuasivo ou manipulador. Elas permitem que você fale da concorrência sem falar mal dela.

Em uma pesquisa informal, 100% dos entrevistados responderam que histórias são importantes na situação de vendas e 85% disseram que contam histórias. Mas na realidade apenas 20% contam. Por que isso acontece? Por que não há mais gente contando histórias?

"Não preparei nenhuma história."

"Não sou um bom contador de histórias."

"Na hora, não consigo lembrar."

"Não tenho nenhuma história para contar."

"Ninguém quer ouvir minhas histórias."

Nos nossos programas de treinamento na Dale Carnegie, ensinamos um jeito fácil e rápido de elaborar e contar histórias com confiança e tranquilidade. É a chamada Fórmula Mágica: incidente + ação + benefício = Fórmula Mágica.

> **Incidente + ação + benefício = Fórmula Mágica**
> - Descreva a situação do cliente antes de implementar sua solução.
> - Explique como sua solução foi implementada.
> - Enfatize como sua solução criou valor para o cliente.

Quando você utiliza a Fórmula Mágica, elaborar uma história quase não exige esforço!

## Dez chaves para um *storytelling* de vendas eficaz

1. Levante o histórico do prospecto.
2. Tenha várias histórias à mão.
3. Pergunte a si mesmo o que você quer que a história realize.
4. Mantenha a história focada no ouvinte e no histórico dele.
5. Decida qual é o argumento que você quer transmitir.
6. Conte uma história completa que conduza a esse argumento.
7. Fique atento à reação do cliente à sua história.
8. Ensaie a história antes da situação de venda.
9. Seja muito específico em relação a como você pode ajudar a resolver o problema.
10. Seja autêntico.

Vamos falar um pouco mais sobre cada um desses pontos.

## 1. Levante o histórico do prospecto

Você deve estar pensando: "Fiz isso ao elaborar minha pré-abordagem, e fiz todas aquelas perguntas. Conheço tão bem esse cara que ele vai pedir para ser meu amigo."

O histórico não é a mesma coisa que a razão pela qual o comprador concordou em chamá-lo para uma reunião de venda. A razão de você estar ali é que o cliente tem um problema para resolver. O histórico é a razão pela qual ele chegou à situação em que se encontra. O histórico do comprador não passa disso, de um *histórico*. É tudo no passado dele que o levou até aquele ponto. Suas atitudes, seus sentimentos em relação ao mundo e como ele se encaixa nele. Pense nele como um personagem de um livro ou de um filme. O que aconteceu na vida dele que o conduziu até aquele ponto da história? Se voltarmos a Matt e Joe, do Capítulo 3, o histórico de Joe era tudo que o tinha levado a virar um motorista de aplicativo. Se você tivesse que vender alguma coisa para Joe, é isso que você teria que levantar, a fim de contar uma história que fosse relevante para ele. Não é a motivação atual dele, é tudo que levou até ela.

## 2. Tenha várias histórias à mão

Todos já vimos isso acontecer. Você está com uma pessoa e pensa: "Ah, tenho que contar a ela sobre aquela vez que tive um cliente exatamente com o mesmo problema." Mas você não preparou a história e não se lembra especificamente de cada detalhe. Há quanto tempo foi? Como era mesmo o sobrenome do cliente? Se você quiser usar o *storytelling* em vendas (e, confie em nós, você vai querer), precisa pensar em histórias específicas, que se encaixem em certas necessidades. Sente-se e coloque-as no papel.

### 3. Pergunte a si mesmo o que você quer que a história realize

Este item tem a ver com o anterior. Cada história que você contar precisa ter um propósito específico. Talvez você queira ilustrar risco *versus* recompensa. Ou usar sua história como evidência e prova social de que sua solução funciona. Qualquer que seja o motivo, certifique-se de saber claramente qual é antes de abrir a boca.

### 4. Mantenha a história focada no ouvinte e no histórico dele

Outra coisa importante é manter-se focado no ouvinte. É fácil, ao contar histórias, passar de uma a outra e, de repente, seu ouvinte está sentado ali pensando: "O que isso tem a ver comigo? Eu nem tenho um casaco de pele."

### 5. Decida qual é o argumento que você quer transmitir

Este é parecido, mas ligeiramente diferente daquilo que você quer que a história realize. O objetivo da história é levar a um argumento claro: "Comprar nosso produto pode resolver XYZ." Ou: "Nosso serviço de assistência ao cliente está disponível 24 horas por dia."

### 6. Conte uma história completa que conduza a esse argumento

Você já esteve em um jantar de família com o tio Bob, aquele que conta uma história aleatória e complicada que parece não acabar nunca? Não seja esse cara. Histórias precisam ter começo, meio e fim. O começo é a preparação: "Tivemos um cliente em Ferndale que precisava ir buscar sua entrega na cidade grande mais perto, Eureka." O meio é a ação da história: "O problema é que tinha chovido demais, e a única ponte da cidade estava inundada. Ninguém podia entrar nem sair, a não ser as equipes de socorro. Bem, nosso representante de assistência ao cliente colocou tudo no porta-malas do carro e dirigiu até a ponte. Conversou com as equipes de emergência, que disseram que a ponte seria reaberta ainda naquela tarde. Por isso, ele ficou trabalhando de dentro do carro pelo resto do dia e, quando a ponte abriu, foi o primeiro a entrar na cidade."

O final da história é onde se faz a conexão de volta ao ouvinte: "Então você não precisa se preocupar de não receber o que precisa. Nosso compromisso com o cliente é tão grande que fazemos qualquer esforço. Literalmente." Começo, meio e fim. Bum!

Eis a forma ideal de estruturar o começo, o meio e o fim:

- "Já trabalhamos com..."
- "Eles precisavam..."
- "O resultado é que eles conseguiram..."

## 7. Fique atento à reação do cliente à sua história

Isto é muito importante. Mantenha-se envolvido com o ouvinte. Nem todo mundo gosta de ouvir histórias. Há alguns tomadores de decisões que só querem saber o desfecho. Se começarem a apresentar sinais de tédio (olhar para o celular ou pela janela, ou ficar remexendo na cadeira), é hora de terminar a história e seguir em frente.

## 8. Ensaie a história antes da situação de venda

"Aí, uma vez, acho que faz um ano, mais ou menos... não, dois. Não, espera. Eu tinha trocado de carro, então deve ter sido no ano passado. Então, no ano passado a gente teve um senhor contrato com a ExxonMobil. Espera, eu quis dizer 'uma grande empresa do setor de energia'. Rá-rá-rá, não te contei isso. Bom, então a gente tinha esse contrato, mas o vice-presidente sênior era superarrogante. Estudou em Harvard, então esperar o quê? Você não foi para Harvard, né? Rá-rá-rá. Então esse cara arrogante..."

Em que momento dessa história você já desistiu do narrador? Provavelmente bem no começo. Para contar uma história convincente é preciso praticar! Você acha que os atores e humoristas simplesmente sobem ao palco e contam uma história ou uma piada na frente do público pela primeira vez? Não! Eles ensaiam. Não se preocupe em repeti-la palavra por palavra, mas em transmitir suas ideias principais. Não é necessário decorar. Caso você memorize sua história em forma de imagens, vai se lembrar dela do mesmo jeito.

## 9. Seja muito específico em relação a como você pode ajudar a resolver o problema

É importante ser bem específico em relação a como você pode resolver o problema. A história é apenas um veículo interessante para entregar o que você promete. No fim das contas, porém, é importante ser bem claro e específico em relação ao fato de você *poder* resolver o problema do cliente.

## 10. Seja autêntico

É quase desnecessário dizer, mas vamos dizer mesmo assim: seja autêntico. Seja você. Não tente contar uma história como se fosse o William Bonner. Só conte a história de um jeito autêntico, que seja fiel a você e ao seu jeito de falar.

# Dicas de oratória

Até mesmo a melhor das histórias pode ficar ruim se não for contada direito. Coisas como as sílabas que enfatizamos, a entonação da voz e a velocidade com que falamos podem afetar a forma como a informação é recebida. Eis algumas dicas para você ensaiar suas histórias:

## Ênfase

Pratique dizendo as seguintes frases em voz alta, ressaltando as palavras em itálico. Note como o sentido muda:

1. *Precisamos* ampliar nosso negócio.
2. Precisamos *ampliar* nosso negócio.

Ao enfatizar o primeiro verbo, o orador está afirmando que sua equipe é responsável pelo crescimento da empresa. Na frase de baixo, igual, mas com ênfase em outra palavra, o sentido muda. O orador está indicando que muita coisa pode estar certa no negócio, mas as pessoas precisam assumir mais responsabilidade pelo crescimento.

## Entonação

Variar o tom da voz também pode transmitir outros sentidos. Por exemplo, diga "Venha aqui!" em tom de voz agudo (como você falaria com um bebê ou um cachorro), em seu tom normal e em tom grave.

Quando dito em tom agudo, "Venha aqui!" parece um pedido. Quando dito em tom grave, soa como uma ordem ou até uma ameaça.

## Velocidade

Muitos efeitos diferentes podem ser obtidos variando a velocidade das palavras. Diga "Trinta milhões de dólares" bem depressa e fica parecendo uma quantia banal.

Então diga "Triiiiiiiiinta milhõõõõõõõões de dóóóóóóólares", prolongando ao máximo as sílabas. Agora, sim, parece um monte de dinheiro. Ao aumentar o tempo da pronúncia, é quase como se você aumentasse o próprio valor. E no entanto você disse as mesmíssimas palavras.

### Não seja como o tio Bob

Eis algumas coisas a evitar no *storytelling*:

- Querer dar lições.
- Gírias.
- Não observar a reação à história.
- Resumir ou alongar demais.
- Não fazer a ligação da história com o histórico do prospecto.
- Contar sua história preferida só porque é sua história preferida.

Neste capítulo, abordamos várias dicas e técnicas para criar e depois transmitir a seus prospectos as soluções que você sugere. No próximo, vamos tratar de como escutar as preocupações e dúvidas deles, e como eliminá-las.

## LIÇÕES DO CAPÍTULO 7

- Existem seis passos-chave para entregar sua solução ao cliente. São eles:
  1. Informe qual é o fato ou número-chave.
  2. Construa uma ponte.
  3. Apresente o benefício.
  4. Ponha em prática o benefício.
  5. Forneça evidências.
  6. Teste o comprometimento.

- Contar histórias interessantes é uma excelente maneira de comunicar o valor de sua solução ao comprador.
- Histórias boas não surgem do nada. É preciso criá-las.
- Ao contar uma história que envolva seu cliente, você está pintando um panorama verbal que desperta uma necessidade imperiosa, apelando não apenas à lógica, mas à emoção.

# 8

# Confirme

Nove em cada dez discussões terminam com os dois lados ainda mais convencidos de que têm toda a razão.

É impossível vencer uma discussão. Porque se você perde, você perde; e se você ganha, você perde. Por quê? Bem, suponhamos que você triunfe sobre o outro e mostre todos os furos da argumentação dele. E daí? Você vai se sentir bem. Mas e ele? Você fez com que ele se sentisse inferior. Feriu o orgulho dele. Seu triunfo vai deixá-lo ressentido. E...

*Convencido contra a vontade,*
*um homem ainda acredita na sua verdade.*

– COMO FAZER AMIGOS E INFLUENCIAR PESSOAS

Edward e Stan ainda estão em reunião. Stan ouviu o que Edward tinha a dizer e a solução apresentada por ele. Assim, ele deve estar pronto e disposto a assinar na linha pontilhada, certo?

Pouco provável. O mais provável é que Stan ainda tenha alguns receios e objeções. O desafio de Edward (na verdade, de todo vendedor) é escutar realmente o que o comprador tem a dizer.

## Que tipo de ouvinte você é?

Em nosso livro *Escute!*, descrevemos os sete tipos de ouvinte identificados pela Dale Carnegie Training:

- Os distraídos
- Os de corpo presente
- Os intrometidos
- Os indiferentes
- Os combativos
- Os terapeutas
- Os engajados

Os seis primeiros tipos são menos eficazes do que o sétimo. Eis uma descrição mais detalhada de cada um deles:

## Os distraídos

São aqueles que parecem apressados; estão sempre olhando em volta e fazendo alguma coisa. Também conhecidos como multitarefas, não conseguem ficar sentados e escutar.

## Os de corpo presente

Fisicamente, estão ali, às suas ordens, mas mentalmente não. Dá para saber pelo olhar perdido. Podem estar devaneando ou pensando em algo totalmente diferente.

## Os intrometidos

Estão prontos para se manifestar a qualquer momento. Sempre a postos, à espreita de uma chance de completar a sua frase. Não estão escutando, mas focados em tentar adivinhar o que você vai dizer e naquilo que eles mesmos querem dizer.

## Os indiferentes

Ficam distantes e demonstram pouca emoção ao escutar. Parecem não se importar com nada do que você tem a dizer.

## Os combativos

Hostil e rude, o ouvinte combativo não está ouvindo para entender. Está tentando juntar munição para usar contra você. Está armado e pronto para a guerra. Adora discordar e colocar a culpa nos outros.

## Os terapeutas

Estão o tempo todo no papel do conselheiro ou terapeuta, e prontos para lhe dar respostas não solicitadas. Acham que são excelentes ouvintes e adoram ajudar. Estão sempre no modo "Analiso o que você diz e corrijo".

## Os engajados

Alguém deste tipo é o ouvinte mais consciente. Escuta com os olhos, os ouvidos e o coração, e tenta se colocar no lugar do orador. Essa é a escuta em seu mais alto grau. As habilidades de escuta dele incentivam o outro a continuar falando, dando-lhe a oportunidade de descobrir por conta própria suas soluções e permitindo assim que as ideias se desenvolvam.

Ao ler isso, provavelmente você pensou em pessoas que conhece e se encaixam em alguma dessas categorias. Na verdade, com frequência seus compradores também se encaixam. Dá para perceber se o seu cliente está realmente ouvindo você ou não. E, se ele não estiver, você precisa saber, para conseguir virar a venda.

## Os princípios da escuta

Quando você encontra um cliente em potencial, precisa escutar mais do que falar. Mostre que quer construir um relacionamento, não apenas fazer mais uma venda. Eis algumas dicas para se tornar um ouvinte engajado e excelente:

1. Mantenha contato visual com a pessoa que está falando.

2. Esteja atento ao que *não* é dito. Observe a linguagem corporal à procura de mensagens incongruentes.
3. Seja paciente. Não interrompa, não termine a frase da pessoa nem mude de assunto.
4. Ouça com empatia e tentando entender. Faça de conta que no fim da fala da pessoa você precisará repetir o que ela disse.
5. Esclareça qualquer dúvida depois que a pessoa falar. Certifique-se de ter entendido o que foi dito, repetindo com outras palavras o que acabou de ouvir.
6. Não tire conclusões precipitadas nem faça suposições. Mantenha uma atitude de abertura e aceitação.
7. Pratique a escuta integral. Livre-se de todas as distrações.
8. Desligue sua mente e concentre-se na pessoa que está falando. Tente enxergar as coisas do ponto de vista dela.

Escutar de forma proativa permite que você faça perguntas pertinentes e ouça o que realmente está sendo dito. Você costuma escutar no nível mais elevado?

## Seja um espelho

Quando sentir que realmente escutou o que o comprador tem a lhe dizer, você pode demonstrar isso refletindo sobre o que acabou de ouvir. Isso não significa repetir as mesmas palavras, mas usar as suas, parafraseando o que foi dito. Ao falar em outros termos o que acabou de escutar, você demonstra que ouviu o comprador e também deu-se ao trabalho de refletir sobre o que ele disse. Isso exige um esforço significativo. Quando você faz esse esforço, o cliente percebe e aprecia.

## Nós avisamos que ia ter um teste

No cenário seguinte, imagine que seu comprador está falando com você.

"Não sei. Só queria que houvesse um jeito de facilitar esse processo todo. Quer dizer, primeiro eu tenho que desligar o computador, e quando ligo, se não funciona, são 20 minutos no telefone com o suporte técnico. Metade das vezes eu caio em um terceirizado que nem consigo entender. A coisa toda é realmente frustrante."

Agora pratique repetir o que ele acabou de dizer usando outras palavras. Diga em voz alta ou ponha no papel o que você diria para demonstrar que sua escuta tem a intenção genuína de compreender.

## Os receios de Stan

Como seria de esperar, Stan tem algumas preocupações, que compartilha com Edward:

"Ok, então o que estou ouvindo é que você propõe fazer um upgrade no nosso sistema PDV nas filas e instalar quatro ou cinco caixas de autoatendimento em cada um de nossos 250 endereços. Há uns probleminhas aí.

"Primeiro, pelo que entendi, esses caixas de autoatendimento não reduzem de fato o número de caixas que precisamos contratar para um plantão qualquer. Segundo, esses caixas custam 125 mil dólares cada um. Por que raios eu gastaria milhões de dólares para instalar caixas se eles nem vão resolver meu problema? Sem falar no fato de eu ter que lidar com um aumento dos furtos."

Ouvir ressalvas pode ser um verdadeiro desafio. A maioria dos vendedores enfrenta o mesmo tipo de objeções, e a tendência é ouvi-las o tempo todo. Em geral, achamos que sabemos o que o comprador vai dizer, e muitas vezes imaginamos como ele vai reagir. Isso cria uma tendência a reagirmos antes que ele termine. Esse é um momento importante em que devemos desacelerar o processo de venda e enxergar as objeções do comprador do ponto de vista dele. Quando o cliente faz uma ressalva, ela pode ser percebida de quatro maneiras:

- O que ele disse
- O que nós ouvimos
- Como interpretamos o que ele disse
- O que ele realmente quis dizer

É crucial que, antes da resposta à preocupação do cliente, tanto o vendedor quanto o cliente entendam claramente qual é a real preocupação. Tome cuidado para não interpretar mal essa objeção, porque sua resposta pode errar o alvo. Repita o que você ouviu e crie um colchão de proteção. Esse colchão é uma declaração que demonstra que você ouviu o prospecto, prestou atenção em sua objeção e reconheceu sua importância. Quando um comprador faz uma objeção, sua primeira atitude deve ser criar esse colchão. Isso não significa concordar ou discordar, nem responder à objeção.

## Exemplos de colchões

**Objeção:** Seu preço é consideravelmente mais alto do que eu esperava.
**Colchão:** Entendo sua preocupação em relação ao investimento.

**Objeção:** Estou feliz com meu fornecedor atual.

**Colchão:** Tenho certeza de que seu atual fornecedor tem sido satisfatório.

**Objeção:** Minha equipe está satisfeita com o processo que tem sido usado.
**Colchão:** Certamente convém a você manter sua equipe contente.

**Objeção:** Acho que não estamos prontos para fazer uma mudança neste momento.
**Colchão:** Quero que você tome a decisão certa no momento certo.

## Como superar objeções

O colchão sempre é o primeiro passo. Terry Siebert, da Dale Carnegie do Wisconsin, tem o seguinte a dizer sobre todo o processo de lidar com objeções:[9]

> Lidar com objeções exige colocar em prática um talento sensível e atento de escuta, juntamente com respostas factuais e positivas às preocupações do cliente. Evidentemente, como em qualquer parte do processo de venda, ter uma estratégia ajuda. E, assim como dirigir um carro, essa estratégia se torna algo natural quando a compreendemos, a praticamos e nos comprometemos a aplicá-la quando surge alguma objeção. Eis um processo comprovado, de cinco etapas, que tende a gerar resultados melhores do que a abordagem comum "Culpe, negue, justifique":
>
> **Etapa 1: Colchão**
> Um colchão de verdade aumenta nosso conforto ao nos sentarmos em uma superfície dura. O mesmo se aplica ao primei-

ro passo que devemos dar ao ouvir uma objeção. O colchão, em sua forma mais simples, cria uma empatia com o cliente. Por exemplo: "Entendo por que você se sente assim."

O colchão nunca quer dizer que concordamos com a objeção, o que na cabeça do cliente poderia validá-la. O colchão também nunca discorda da objeção, o que daria início a um cenário de confronto. Se mais vendedores simplesmente reagissem com um colchão às objeções que ouvem, tenho certeza de que criariam relacionamentos melhores com os clientes. Por fim, ao verbalizar o colchão, tome cuidado para não emendar com um "mas". Isso tende a levar a conversa para um rumo negativo. Em vez disso, use "e" – isso mantém a discussão em um plano neutro.

## Etapa 2: Esclareça a objeção

Tendo acolchoado a objeção, agora você precisa esclarecer precisamente o que está por trás da preocupação do cliente. A maioria do pessoal de vendas já ouviu uma objeção ao preço de um produto ou serviço mais vezes do que gostaria. O perigo é supor que já sabe aonde o cliente quer chegar. São os preços, os termos, o financiamento, o sinal ou alguma outra coisa? Uma boa pergunta nessa hora é: "Ajude-me a entender exatamente o que está fazendo você hesitar." Além disso, não tenha medo de explorar um pouco mais – convém ter certeza absoluta de que você vai dar a resposta à verdadeira objeção. Caso esteja seguro de que tem um bom domínio da real objeção, você está pronto para passar à etapa seguinte.

## Etapa 3: Checagem cruzada (identifique objeções ocultas)

Neste passo você tenta determinar se existe alguma objeção oculta que não foi colocada na mesa. Não é raro que alguns compradores não contem tudo. Uma pergunta que costumo usar nessa etapa é: "Além da sua preocupação com (a objeção declarada), existe algo mais que o impediria de seguir adiante com essa proposta?" Quando recebo uma resposta afirmativa, colocamos a questão na mesa. Quando recebo uma resposta negativa, minha frase seguinte é alguma coisa nesta linha: "Então, se pudermos resolver essa preocupação de maneira satisfatória, não há realmente mais nada que o impeça de ir em frente. É isso mesmo?" Essa linha de questionamento tem 100% de intenção de tratar das objeções reais que estão sobre a mesa e, ao mesmo tempo, das objeções ocultas que não estão.

### Etapa 4: Responda
Você deve ter notado que não respondemos à objeção até a etapa 4. A maioria dos vendedores amadores começa por esse passo, reagindo à objeção inicial.

### Etapa 5: Encerramento da experiência (avaliação da posição do cliente)
O encerramento da experiência é uma pergunta pedindo uma opinião, não uma decisão de compra. Faça uma pergunta não ameaçadora para testar a reação do cliente a um aspecto específico da solução. A reação à pergunta do encerramento da experiência ajuda a esclarecer a posição do cliente em relação à aceitação do que acabou de ser apresentado.

- Qual é a sua impressão?
- Isso é o que você estava procurando?
- O que está passando pela sua cabeça agora?

## Um exemplo de como lidar com objeções

Jessie Wilson, consultora da Carnegie no estado do Arkansas, cuidou durante três anos de uma parceria com uma empresa de serviços financeiros que repentinamente precisou de uma reestruturação. Nos primeiros 20 minutos da reunião com eles, ela construiu a relação e fez perguntas pessoais e profissionais. O cliente informou a Jessie que eles não fariam nenhum negócio com ela pelo resto do ano. Jessie concordou com a cabeça e fez perguntas para compreender as razões de não quererem continuar avançando. As perguntas levaram a conversa na direção dos resultados que a empresa tinha obtido graças aos três anos de relacionamento. Ela lembrou casos de sucesso de pessoas da empresa que haviam citado o treinamento da Carnegie como responsável por esse sucesso. Em seguida, citou nomes de pessoas da empresa que já haviam solicitado serviços adicionais da Carnegie naquele ano. O representante do cliente respondeu: "Talvez eu precise reconsiderar." Depois de mais conversas, em vez de cancelar o contrato, a empresa passou a planejar um aumento de quase 20% no investimento, apesar das concessões financeiras que isso acarretaria.

Se Jessie não tivesse começado a restabelecer a relação e a conexão, provavelmente a empresa acabaria descontinuando o contrato. Um sinal de que essa relação foi restabelecida foi que, no início da reunião, pediram a Jessie que se limitasse a 30 minutos; depois da construção da relação, porém, o comprador ofereceu uma hora inteira de reunião. O mesmo não teria ocorrido se ela não tivesse a confiança de fazer mais perguntas e explorar a lógica de possíveis decisões.

# A evidência derrota as dúvidas

Como demonstra o gráfico na página 133, é possível responder objeções de forma poderosa usando evidências. O acrônimo DERROTA nos ajuda a lembrar como:

**D** = Demonstração
**E** = Exemplo
**R** = Realidade
**R** = Resultados
**O** = Observação
**T** = Testemunhos
**A** = Analogias

Eis algumas maneiras como Edward pode utilizar esse conceito com Stan:

**Demonstração.** Ele pode demonstrar o novo sistema PDV, levando Stan a constatar sua eficácia.

**Exemplo.** Ele pode contar a história de outra rede de supermercados que conseguiu evitar furtos colocando perto dos caixas o segurança que antes ficava do lado de fora.

**Realidade.** Ele pode informar que, na verdade, não custa 125 mil dólares instalar um caixa.

**Resultados.** Ele pode compartilhar estatísticas mostrando que é alto o retorno do investimento em caixas de autoatendimento.

**Observação.** Ele pode apresentar um vídeo ou imagens de um concorrente mostrando como ele usa os caixas.

**Testemunhos.** Ele pode mostrar depoimentos de outras redes de supermercados que aplicaram suas soluções e como elas funcionaram bem.

**Analogias.** Ele pode contar uma história mostrando como a satisfação do consumidor leva a um aumento das vendas.

| | |
|---|---|
| **D** | **Demonstração** <br> Uma ilustração física, com um objeto ou a própria solução. |
| **E** | **Exemplo** <br> Uma história de um cliente satisfeito. |
| **R** | **Realidade** <br> Um fato autêntico que sustente sua argumentação. |
| **R** | **Resultados** <br> Um número preciso e relevante que respalde sua solução. |
| **O** | **Observação** <br> Algo físico que dê apoio a sua solução. |
| **T** | **Testemunhos** <br> O reconhecimento da eficiência de sua solução por alguém que a aplicou. |
| **A** | **Analogias** <br> Uma comparação da sua solução com algo que a pessoa já conhece. |

Podemos achar que fomos brilhantes na solução da objeção do comprador, mas o que importa é como ele se sente. Antes de passar adiante, vamos parar por um momento para avaliar se o comprador está pronto ou não para seguir em frente e fechar a venda.

*Exemplos*: "Isso deixa você mais confortável em relação ao pagamento do leasing?" "Que tal assim para você?" "Isso dá conta da sua preocupação?"

Eis, na prática, como pode ser:

Hesitação: "Minha equipe está contente com o processo atual."

Resposta:

1. **Colchão.** Diga uma frase neutra, sem concordar nem discordar. "Pelo que entendo, há satisfação com as coisas como elas estão."

2. **Esclarecimento.** Faça uma pergunta não ameaçadora para esclarecer a hesitação. "Você acha que eles estariam dispostos a aprender um novo processo que traga (um grande benefício)?"

3. **Checagem cruzada.** Confirme que a hesitação apresentada é o único fator que ainda impede o comprador de fechar a venda: "Além desse receio, há alguma outra coisa que o está fazendo hesitar?"

4. **Responda.** Negue, admita e reverta a hesitação. Negar: negue inverdades ou informações erradas. Admitir: admita problemas atuais ou passados. Reverter: transforme objeções em razões para comprar: "O processo é fácil de aprender, e estaremos ajudando sua equipe a cada passo."

5. **Encerre a experiência.** Faça uma pergunta para determinar se a objeção foi resolvida: "Você acha que assim sua equipe estaria de acordo?"

# A hora do "siga" na negociação

Nenhum livro de vendas estaria completo sem tratar de negociação. Como ocorre com muitos temas deste livro, a Dale Carnegie Training tem um programa inteiro de treinamento de habilidades de negociação. Mas vamos tratar aqui de alguns conceitos-chave.

John Torre, da Dale Carnegie Training, escreveu o seguinte sobre a negociação, compartilhando seis dicas para uma negociação eficiente:[10]

> Em Nova Jersey somos negociadores por natureza. Na infância, negociamos cartões de beisebol. Na adolescência, negociamos com nossos pais na esperança de usar o carro da família. Na idade adulta, negociamos com todo mundo – do cara do caixa da loja de conveniência até o vendedor da nossa concessionária favorita.
>
> Tudo isso é um bom treinamento para quando viramos profissionais, porque, como gestores, a capacidade de usar o talento para boas negociações para todo mundo pode fazer toda a diferença na busca pelo sucesso. Da mesma forma, pode ser essencial ao influenciar colegas de trabalho e possibilitar relacionamentos construtivos e positivos. Eis as seis coisas em que todo gestor deve pensar ao se preparar para uma negociação:
>
> **Saiba o que você quer.** Como gestor, é importante começar uma negociação sabendo qual resultado você quer. Dedique muito tempo à reflexão sobre o que você quer e por que quer. Lembre-se de que é importante levar em conta o que isso significa para você financeira, emocional, intelectual e fisicamente.
>
> **Saiba o que a outra parte quer.** A outra parte também terá uma agenda ao entrar na negociação. Busque com afinco entender de antemão o que ela quer que seja a conclusão da

negociação. Compreenda essa solução para ela do ponto de vista financeiro, emocional, intelectual e físico.

**Antecipe objeções.** Nem sempre o processo de negociação é fácil. Como gestor, você deve compreender que vai se deparar com algumas objeções do seu empregado, ou da outra parte relevante, ao longo do caminho. E precisa se preparar para isso fazendo pesquisa antes da negociação.

**Identifique concessões.** Determine quais são seus pontos absolutamente inegociáveis e em que medida você está disposto a dar e receber. É certo que você não sairá de toda negociação com todas as suas necessidades satisfeitas. Uma negociação é uma questão de dar e receber, e como gestor você precisa estar preparado para encontrar o caminho do meio com seu subordinado e a outra parte relevante.

**Determine seu ponto de saída.** Antes do início da negociação, defina o ponto além do qual não há necessidade de seguir em frente com a negociação. Essa será sua fonte isolada mais importante de poder de negociação. Portanto, ao atingir seu ponto-limite, você precisa ter certeza de que vai agir.

**Pratique com um colega.** Como no caso de qualquer apresentação importante que você já fez, é sempre bom ensaiar. Você pode se ver diante de uma discussão difícil, e é melhor ter certeza de que ensaiou possíveis desfechos. Ao praticar com outra pessoa, você aumenta sua confiança em relação à situação, e isso acabará ajudando a negociação a transcorrer da forma mais suave possível.

Leve em conta esses seis critérios antes da sua negociação e pode ter certeza de que você estará prestes a sair por cima.

## As melhores práticas de negociação

- Ouça com atenção.
- Enxergue do ponto de vista do outro.
- Seja confiante.
- Esteja preparado.
- Não seja agressivo.
- Não torne o processo uma coisa formal.
- Busque soluções criativas.
- Entenda o que é importante para o cliente.
- Negocie os detalhes antes do preço.
- Reconheça os pontos de saída.

## Uma negociação na prática!

Um advogado sênior de uma empresa do ranking Fortune 50 queria ajuda para cobrar honorários multimilionários que não lhe foram pagos. Seth Mohorn, sócio-gerente da Dale Carnegie no Arkansas, descreve como, fazendo uma mudança fundamental em sua abordagem das negociações, esse advogado rendeu milhões para seu escritório. Antigamente os advogados "martelavam" de forma agressiva o ex-cliente para extrair dele o máximo possível. O problema é que, em geral, acabavam recebendo apenas uma pequena fração do que lhes era devido nesses acordos quando eles chegavam à Justiça. Depois de completar um treinamento na Dale Carnegie, ele resolveu mudar de abordagem e aplicar os nove primeiros princípios. Disse, com todas as letras, aos ex-parceiros que queria mudar o jeito de trabalharem juntos. Começou de forma amistosa, construindo um relacionamento e expressando interesse genuíno nos ex-sócios por uns 30 minutos. A primeira experiência com essa abordagem lhe rendeu um compromisso de pagamento de 2,8 milhões de dólares em dez dias, de uma soma devida que, no passado, não lhe renderia mais do que 1 milhão.

## Você cobra o que você vale

Por fim, precisamos falar da objeção que os vendedores mais ouvem: "Está caro demais."

Eis como Jonathan Vehar aborda a questão do dinheiro:

Dar algo de graça passa ao cliente a impressão de que o que você está oferecendo não vale nada. Em 25 anos como vendedor, encontrei vários clientes que juravam que, se fizéssemos o serviço para eles bem barato ou de graça, isso renderia vários negócios futuros. Nos primeiros anos de prática como consultores, às vezes aceitamos essa "oportunidade", na esperança de que virasse algo maior. Nunca virou. Os projetos que fizemos pelo preço cheio, no entanto, em geral se transformaram em compromissos de longo prazo.

Nós nos demos conta de que os clientes enxergavam esses serviços a custo baixo ou zero como de pouco ou nenhum valor. Eram clientes dificílimos de trabalhar, porque não confiavam em nós ou no nosso serviço. O que aprendemos desde então é que existe uma percepção de que o que você cobra é o que você vale. Portanto, quando um negócio não anda bem, em vez de reduzir o preço, cogite aumentá-lo, para que as pessoas enxerguem seu serviço ou seu produto como algo de maior valor.

Neste capítulo, falamos bastante sobre como escutar de forma eficiente as preocupações e objeções do seu prospecto. Também abordamos algumas dicas básicas de negociação e como tratar da temida objeção do preço. No próximo capítulo, vamos encaixar a pecinha final do quebra-cabeça: como fechar a venda.

*Deixe o outro falar durante a maior parte da conversa.*
– DALE CARNEGIE, PRINCÍPIO 15

## LIÇÕES DO CAPÍTULO 8

- Existem sete tipos de ouvinte, mas só o ouvinte engajado realmente escuta o que o outro tem a dizer.
- A maioria dos vendedores ouve as mesmas objeções o tempo todo. Somos tentados a não prestar atenção no comprador, por acharmos que já sabemos o que ele vai dizer. Resista a essa tentação.
- Devolva, com outras palavras, o que ouviu o comprador dizer, como forma de confirmação.
- Em seguida, "acolchoe" a objeção e use o modelo DERROTA para contrapor-se a ela.
- Caso tenha a intenção de negociar os termos da venda, determine em que medida você fará ou não concessões e tente chegar sempre a um acordo.
- Se você der um desconto muito alto no seu produto ou no seu serviço, reduzirá a percepção de valor na mente do comprador.
- Pratique os princípios de Dale Carnegie, do 1 ao 21, e seus clientes comprarão mais de você.

# 9

# Feche a venda

Da primeira vez, uma pessoa expôs argumentos sérios em favor da definição clara de papéis: "Cada um de nós precisa ser capaz de dizer às pessoas exatamente em que estamos trabalhando", disse ele. Em seguida, outra pessoa aproveitou a oportunidade para fazer uma piada sarcástica:

"Isso. O Chris pode dizer às pessoas que sua função é fazer com que os projetos estourem o prazo e o orçamento!"

"Rá-rá-rá!" Todos caíram na gargalhada. Chris também.

Mas analisei o rosto dele e me dei conta de que ficou vermelho, olhando para o chão, e seu tom de voz ficou mais acelerado. Levou um tempo até ele conseguir voltar para a reunião.

Da segunda vez, uma pessoa na sala se propôs a ajudar a cuidar de um problema. "Eu posso ajudar. Meu cargo tem autoridade nessa questão", disse ela em tom humilde.

"Olha só!", gritaram alguns. "A Alison tá se achando!" "Não", respondeu ela baixinho, rindo de nervoso, "eu só estava dizendo que..." E, por trás da fachada sorridente, ela se recolheu.

Matt Norman contou essa história em um blog sobre como às vezes "brincadeirinhas" magoam.[11] Como Matt foi capaz de dizer que havia uma dissonância entre as palavras de Chris e de Alison e o que eles estavam sentindo de fato? Pelos sinais não verbais que estavam transmitindo. Matt é um observador atento, e foi capaz de perceber que eles estavam fingindo que estava tudo bem com o ocorrido na reunião, quando na verdade não estava.

## Sinais de compra

Em vendas, você precisa estar atento aos sinais de compra e aos sinais de alerta. Fique de olho em alterações repentinas na linguagem corporal, na expressão facial e no tom de voz. Prepare-se para dar um passo à frente ou para trás, dependendo daquilo que observar.

Em nosso livro *Escute!*, damos informações sobre como interpretar a linguagem corporal. Evidentemente, há certos elementos da linguagem corporal que podem variar bastante de uma cultura para outra. Não se trata de dispor de regras imutáveis e universais, mas de buscar sinais de conforto ou desconforto. Seu cliente parece relaxado e à vontade ou incomodado?

## As dez regras básicas da observação

Em seu livro *O que todo corpo fala*, o ex-agente do FBI Joe Navarro, especialista em linguagem corporal, apresenta dez regras básicas da observação para usar quando você estiver prestando atenção na comunicação não verbal:

1. Você precisa ser um observador competente. Isso significa que você deve olhar o entorno e observar o mundo à sua volta constantemente.
2. Você precisa observar todas as comunicações não verbais dentro do contexto. Isso envolve a totalidade do que está acontecendo na vida da pessoa (por isso é tão importante conhecer seu histórico).
3. É importante determinar se um comportamento vem do cérebro ou se tem origem cultural.
4. Esses comportamentos são unicamente desse indivíduo? As pessoas em geral têm certos comportamentos que costumam repetir.
5. Se estiver à procura de comunicações não verbais que indiquem pensamentos, sentimentos ou intenções, é melhor observar agrupamentos de comportamentos em vez de analisar uma coisa só.
6. Pergunte a si mesmo: "Qual é o comportamento normal dessa pessoa ou nessa situação?"
7. E pergunte também: "Quais comportamentos estão diferentes do normal?"
8. Foque no principal. Considere as expressões mais imediatas como sendo as mais precisas e leve em conta essa informação ao analisar a comunicação não verbal.
9. Observe de forma não invasiva.
10. Toda vez que testemunhar um comportamento, caso não

tenha certeza do que ele significa, pergunte a si mesmo: ele se encaixa na coluna do conforto ou na do desconforto?

## O corpo fala

Como uma grande parte da escuta requer a observação de sinais não verbais, é bom saber em que prestar atenção. Repetindo, é importante analisar esses detalhes no contexto das dez regras básicas.

Segundo Navarro, podemos procurar sinais interessantes para saber se a pessoa está confortável ou desconfortável na comunicação com você.

### Pés

Os pés podem indicar emoções. Por exemplo, quando a pessoa está de pé, com um dos pés bem plantado no calcanhar, com os dedos para cima, é um sinal de emoções muito positivas. Quando a pessoa fica batendo o pé, está impaciente ou nervosa.

Os pés também são indicadores de atenção. Digamos que você esteja conversando com uma pessoa e de repente o pé dela começa a apontar para a porta. É uma pista extremamente precisa da mensagem: "Preciso ir embora."

### Pernas

Cruzar as pernas, em geral, é uma demonstração de conforto. É o que vemos entre pessoas que gostam genuinamente uma da outra.

## Braços

Uma das posições mais poderosas é a de mãos nos quadris. Em geral, quando você vê alguém com as mãos nos quadris, os cotovelos virados para fora, as pernas ligeiramente afastadas, trata-se de uma forte demarcação de território. Essa pessoa está no comando e tem muita autoridade. Também pode indicar contrariedade.

Se você quiser passar a impressão de que está interessado e aberto, posicione as mãos de modo que os polegares fiquem virados para o interlocutor.

Cruzar os braços também pode ter conotações positivas e negativas. Para determinar qual delas, você precisa atentar para a força empregada. Quando duas pessoas estão conversando com os braços cruzados, apertando-os com muita firmeza, isso normalmente indica algo muito negativo.

Fora isso, cruzar os braços não está necessariamente associado a algo negativo. Podemos estar de braços cruzados, reclinados em uma cadeira e bem relaxados. Em um ambiente social, com outras pessoas à nossa volta, nos sentimos um pouco mais confortáveis se cruzarmos os braços.

Às vezes, quando queremos criar uma barreira psicológica, colocamos um objeto como um travesseiro, um cobertor ou um casaco por cima dos braços ou do peito.

## Mãos

As mãos são ótimos indicadores de mensagens não verbais. Um aperto de mão firme é um sinal de dominância e agressão. Um aperto de mão fraco demonstra timidez. Mulheres com um aperto de mão forte indicam que estão abertas a novas experiências. A mesma correlação não é válida para os homens. Chefes tendem a apertar a mão com mais firmeza que seus subordinados, e amigos exercem pressão equivalente ao apertar a mão. Da mesma forma, um aperto de mão rápido indica falta de interesse ou de entusiasmo. Um aperto de mão ligeiramente mais longo que o normal é um sinal de dominância.

Podemos falar de forma expansiva abrindo as mãos, com os dedos bem esticados. Perceba que políticos fazem muito isso.

As mãos em campanário ocorrem quando juntamos a ponta dos dedos das duas mãos sem que as palmas se toquem, como se os dedos formassem a torre de uma igreja. Mãos em campanário são, na verdade, o gesto mais poderoso de que dispomos para demonstrar confiança.

## Ombros

Imagine perguntar a uma adolescente: "Seu irmão já voltou da escola?" Ela levanta um dos ombros até a altura da orelha e responde: "Sei lá." Agora, imagine que alguém faz a mesma pergunta e ela responde erguendo os dois ombros até a altura das orelhas, com a palma das mãos para cima, ao dizer "Sei lá". Qual das duas respostas é mais verossímil? A primeira (um ombro apenas) indica que ela não quer muito falar daquilo. A segunda, com os dois ombros e as duas mãos, é mais crível.

## Pescoço

O pescoço é um dos lugares que costumamos tocar para aliviar nosso estresse. Massagear a base da nuca ao falar é um indicador clássico de desconforto. Quando as mulheres estão sofrendo, se sentem inseguras, em dificuldade ou ameaçadas, cobrem uma pequena área chamada de "incisura supraesternal" – aquela covinha no pescoço entre as duas clavículas – com a ponta dos dedos ou com as mãos.

## Cabeça

É outra região que permite que você observe se alguém está prestando atenção em você ou demonstre a alguém que você está lhe dando ouvidos. Você está conversando com alguém e, em algum momento da conversa, sua cabeça começa a se inclinar levemente enquanto escuta. Ao ouvir um comentário que você considera inútil, sua cabeça volta imediatamente à posição ereta.

## Testa

A testa é uma das partes do corpo que mais demonstram a ansiedade de uma pessoa. Ela apresenta um quadro bastante preciso dos pensamentos e emoções da pessoa em tempo real. Mostra de maneira clara quando há estresse, quando há conforto, quando as coisas não estão indo bem e quando algo está incomodando. Quando as sobrancelhas da pessoa se erguem e a testa indica que ela está ansiosa em relação ao que está dizendo, isso, em combinação com uma inclinação do corpo para a frente e as mãos mexendo nos cabelos para se acalmar, é um alerta de que a pessoa não está à vontade com a conversa.

## Olhos

Embora a maioria das pessoas ache que piscar os olhos serve apenas para lubrificá-los, na verdade trata-se de um mecanismo de bloqueio muito eficiente. Em geral, quando ouvimos alguma coisa que nos desagrada, chegamos a fechar os olhos. Às vezes é apenas por um décimo de segundo, outras, por um pouco mais de tempo, mas trata-se de um jeito que o cérebro humano encontrou para se proteger.

É comum, quando ouvimos uma notícia ruim ou nos contam

alguma coisa que nos deixa estressados, fecharmos os olhos enquanto processamos a informação. Portanto, se alguém está escutando você e fecha os olhos, isso não quer dizer que não está prestando atenção. Pode ser que não esteja gostando do que você está falando.

## Sobrancelhas

Esse é um dos clássicos gestos cômicos que demonstram interesse. Um homem olha para uma mulher, balança a cabeça e ergue as sobrancelhas, como quem diz: "Oi. Tudo bem com você?" É o chamado "flash de sobrancelha", um sinal de conforto ou interesse.

Imagine encontrar uma pessoa e, na hora do aperto de mãos, ela encarar você sem mexer os olhos. Em seguida você encontra outra pessoa e, na hora do aperto de mãos, ela olha para você com o flash de sobrancelha. Qual das duas indica mais interesse?

## Boca

Quando damos um sorriso autêntico e sincero, os músculos em volta dos olhos participam do processo. Em um sorriso de verdade, os cantos da boca se erguem, na direção dos olhos, e os olhos refletem isso, porque os músculos em volta estão envolvidos nesse sorriso (a propósito, é isso que gera os pés de galinha).

O falso sorriso – o sorriso social – é aquele em que os cantos da boca se movem na direção das orelhas sem envolver os olhos. Esse é um jeito de avaliarmos a autenticidade das emoções. Os lábios "somem" quando a pessoa está passando por um alto grau de estresse. Não tem nada a ver com enganar, estar mentindo ou dizendo a verdade. A tensão nos lábios é uma tensão mental.

Quando os cantos da boca também se viram para baixo, é porque as emoções estão realmente negativas.

Morder o lábio e a parte interna da bochecha também pode ter diferentes conotações. É por isso que é tão importante analisar esses sinais dentro de um contexto. Por exemplo, o ex-presidente dos Estados Unidos George W. Bush mordia a parte interna da bochecha quando ficava nervoso ou ansioso, e Bill Clinton tinha tendência a morder o lábio inferior para demonstrar que estava sendo sincero.

### Queixo

Todos conhecemos o clássico gesto do professor ou do terapeuta – tocar o queixo ou coçar a barba (real ou imaginária). Tocar o queixo está associado ao estado de reflexão, ao raciocínio, à precisão de ideias. Temos tendência a mostrar que estamos pensando em algo tocando uma pequenina área de cerca de uns cinco centímetros no queixo.

Esse gesto é diferente daquele em que as pessoas tocam o rosto, sobretudo em torno do maxilar. Temos tendência a tocar a mandíbula para nos acalmar. Se uma pessoa toca o queixo, é sinal de que ela está pensando. Se estiver tocando a mandíbula, é mais provável que esteja se acalmando.

A mandíbula também pode nos dizer algo a respeito da confiança ou da insegurança. Quando nos sentimos fortes e confiantes, ela se projeta para fora. Quando nos sentimos fracos e inseguros, ficamos com o queixo retraído.

## Embelezamento

Vemos isso por todo o reino animal: os animais se arrumam em um esforço para ficar atraentes para o sexo oposto. O ser humano também é um animal, mas, em vez de estufar as penas, ajeitamos o cabelo, os óculos, as joias ou a gravata.

O embelezamento envia uma poderosíssima mensagem às pessoas em sua presença. Inconscientemente, você diz a elas: "Acho você tão importante que gasto toda essa energia me embelezando para você."

Também existem comportamentos de embelezamento negativos. Vemos isso nos filmes. Quando um vilão está tentando intimidar uma pessoa, começa a catar fiapos na roupa dela ou ajeita os óculos dela. É um sinal de desrespeito, e se o outro permite que continue, é uma forte admissão de impotência diante da situação.

## Tranquilização

Temos tendência a pensar que só os bebês usam gestos para se acalmar, como chupar o dedo ou brincar com mechas de cabelo. Mas comportamentos tranquilizantes continuam na idade adulta. Eis alguns exemplos. Quando vir uma pessoa fazendo uma das coisas a seguir, significa que ela está ansiosa.

- Esfregar a testa
- Mexer no cabelo
- Esfregar o nariz
- Massagear o nariz
- Cutucar o lábio superior
- Acariciar o queixo
- Esfregar as orelhas
- Puxar o lóbulo da orelha
- Girar um lápis
- Abrir um clipe
- Manusear um elástico

- Esfregar os dedos
- Manusear joias (rodar um anel ou puxar uma correntinha)

## Seguro

Já tratamos de como você pode usar a observação da comunicação não verbal para compreender o que seu interlocutor está dizendo além das palavras. Você também pode usar isso para demonstrar à pessoa que está prestando atenção nela. Enquanto ouve, você pode aplicar a comunicação não verbal para deixar o outro mais SEGURO:

**S** = Sorrir
**E** = Expandir a postura
**G** = Gesticular com a cabeça
**U** = Usar o toque
**R** = Reclinar-se para a frente
**O** = Olhar nos olhos

## Sinal vermelho ou sinal verde?

Agora que você observou os sinais não verbais do comprador e usou suas habilidades de comunicação para se contrapor às objeções, deve estar achando que está pronto para fechar negócio. Mas como ter certeza disso? Com um encerramento da experiência!

Lembre-se de que o encerramento da experiência inclui uma pergunta que solicita uma opinião, não uma decisão de compra. Faça uma pergunta não ameaçadora para testar a reação do cliente a um aspecto específico da solução. A reação à pergunta de encerramento da experiência ajuda a esclarecer se o cliente aceitou o que acabou de ser apresentado.

Exemplos:

- O que achou?
- É isso que você estava procurando?
- O que está passando pela sua cabeça agora?

Digamos que as pistas não verbais do comprador lhe indiquem que ele ainda não está pronto para o grande fechamento da experiência. Agora é hora de entrar com um panorama verbal. Não se preocupe: você não precisa ser Machado de Assis. Basta seguir algumas orientações e lembrar ao comprador como a vida será maravilhosa com a solução que você está lhe oferecendo.

## Panoramas verbais

Embora as decisões sejam motivadas pelas evidências e pela lógica, em geral elas são potencializadas pela emoção. Você pode achar que seria bacana possuir um sistema de PDV, mas é quando vê o movimento da sua loja diminuindo e os clientes correndo para outros lugares que o medo o leva a agir.

Use panoramas verbais para resumir o valor da sua solução e acionar emoções, criando um senso de urgência e superando a tendência a adiar. Muitos colegas de profissão obtêm uma significativa vantagem comercial usando panoramas verbais poderosos. Uma vendedora de piscinas pegava bandeirinhas vermelhas e mostrava onde a piscina e a hidromassagem iam ficar no jardim. Levava a família inteira bem para o meio dessa área e fazia com que todos se imaginassem nadando, jogando vôlei, se bronzeando e se divertindo juntos. Na maioria das vezes isso os levava a fechar o negócio, porque ela compreendia a importância da emoção no processo de venda.

Lembre-se do que o seu cliente quer e por que ele quer. Em seguida, faça estas quatro coisas:

1. Relembre seu cliente do que ele carece e que sua solução proporciona. Obtenha a concordância dele.
2. Relembre seu cliente de que sua solução vai ajudar a concretizar aquele benefício.
3. Pinte um panorama verbal do seu cliente usando a solução, desfrutando e se beneficiando dela. Aí, quando a linguagem corporal e os indicadores verbais lhe disserem que é a hora, você pode...
4. Propor fechar a venda.

Seu panorama verbal precisa:

- Mostrar o cliente tirando proveito da sua solução.
- Apelar para as emoções dele.
- Ser claro e conciso.
- Estar no presente do indicativo.
- Ser crível e realista.
- Acionar os sentidos – visão, audição, tato, paladar e olfato.
- Apelar para a motivação individual do cliente.

## A emoção atropela a lógica

Dan Heffernan conta a seguinte história de sua experiência com treinamento de vendas:

Tom Golisano é um bilionário que usou o cartão de crédito para transformar sua ideia em uma empresa altamente bem-sucedida de terceirização de RH e folha de pagamento: a Paychex. Nela, nossa equipe de treinamento foi encarregada de criar um curso on-line para ensinar aos representantes de vendas como vender novos planos de aposentadoria usando cenários-padrão dos clientes.

Pediram-nos que fizéssemos uma demonstração do curso beta para Tom, que na época ainda era o presidente. Era a primeira vez que eu interagia com ele, e estava ansioso para saber sua opinião enquanto via as imagens do notebook que nós projetávamos na parede vazia da sala de reuniões.

Não foi preciso esperar muito. Tom foi logo indagando como pretendíamos apresentar os benefícios dos planos de aposentadoria aos donos das empresas. Apresentamos então a parte do curso que cobria as características e os benefícios. Quando viu a expressão "Maximize sua renda na aposentadoria", ele fez uma pergunta que, como minha equipe me contou depois, fez todos tremerem como vara verde.

"Onde vocês obtiveram as informações que incluíram no curso?" Respondemos que havíamos entrevistado os melhores representantes e gerentes de vendas. Ele pediu nomes, e demos. Ele balançou a cabeça em aprovação ao ouvir os nomes de pessoas que o ajudaram a montar o negócio. Refletiu por alguns instantes. Então fez outra pergunta: "Vocês realmente acham que as pessoas compram planos de aposentadoria para maximizar a renda na aposentadoria?" Nessa hora, senti que precisava matar a bola no peito, pela equipe. "Sim, Tom, eu acho, mas estamos deixando alguma coisa passar?" Sempre vou levar comigo a resposta dele: "Acho que as pessoas investem em planos de aposentadoria para poder comprar coisas para os netos."

Instantaneamente, ele tinha humanizado nosso ambiente e nosso propósito, e a sala silenciou. "Faz sentido, Tom. Então você está dizendo que precisamos apelar para a emoção, não para a lógica?" Ele respondeu com outra pergunta: "Você não acha que é assim que tomamos a maioria das nossas decisões de compra?"

Naquele dia, fiquei conhecendo Tom melhor. Descobri que ele era paciente, ponderado, compassivo e, como sempre, altamente exigente. Era um bom exemplo do líder com princípios que contribuíram para seu sucesso.

Dale Carnegie dizia que a influência é uma questão de "despertar no outro um desejo ardente". Caso você sinta que não tem conseguido fazer isso, lembre-se de fazer um apelo autêntico à emoção.

## A grande pergunta: seis jeitos de propor a venda

Chegou a hora. Você vem se preparando para ela desde que pegou o lead. É hora de propor fechar a venda. Por mais desconfortável que seja, caso você tenha sabido construir a relação, propor a compra será um passo tranquilo. Aplique um método que dê a impressão de naturalidade. Eis alguns para escolher:

### A pergunta direta

Muitas vezes, o melhor jeito de conseguir fechar a venda é ser direto. "Você se sente pronto para ir adiante com a decisão agora?" Ou: "Considerando tudo o que conversamos, já temos a base para fazer negócio?"

## O método das alternativas

Peça ao cliente que escolha entre duas opções. "Você quer nossa linha padrão ou nossa linha especial?"

## O método do menor ponto

Se você já conquistou a confiança do cliente e fez as perguntas certas ao longo da(s) entrevista(s), pode deixar de lado a ansiedade que muitos vendedores sentem quando propõem a venda simplesmente sugerindo, em tom seguro, o próximo passo. Pode ser um agendamento, definir quem vai revisar o contrato ou descrever opções para seu produto ou serviço.

## O método do próximo passo

Suponha que a venda já foi feita e pule a parte da proposta para fechar a venda, indo direto às últimas providências: "Para quando quer que eu marque a instalação?"

## O método da oportunidade

Apresente ao cliente uma breve janela de oportunidade em que as opções estejam disponíveis: "Você está ciente de que em setembro vai haver um aumento. Que tal aproveitar agora o preço menor?"

## O método da balança

Quando o cliente ainda tem dúvidas em relação à compra, mostre a ele como o retorno do investimento supera o custo: "Vamos colocar na balança as questões que ainda deixam você em dúvida e o valor que vai ganhar se seguir adiante."

# Depois da venda

Parabéns! Você fechou a venda! Agora é hora daquele merecido drinque, certo? Certo! Mas ainda há o que fazer. O serviço ao cliente começa na mesma hora em que alguém se torna um cliente. John Torre compartilha as seguintes dicas sobre o que fazer depois da venda:[12]

Manter clientes novos depende de gerir adequadamente suas expectativas, de modo a mantê-los felizes.

Embora não seja tão difícil gerir as expectativas de um novo consumidor, isso de fato exige algum tempo e esforço, seu e dos seus funcionários, para mantê-lo feliz e tranquilo.

Gerir as expectativas do cliente começa por saber o que ele espera. Para ajudá-lo com sua base de clientes atual – e futura –, eis os nove pontos-chave que você precisa acertar:

1. **As pessoas querem que você demonstre interesse por elas.** Você precisa não apenas conhecer a empresa, mas quem são e de que gostam.
2. **As pessoas querem respostas rápidas.** O cliente quer os produtos e serviços "para ontem", não para amanhã ou daqui a 10 dias. Se você for lento, seu cliente vai encontrar outra pessoa capaz de proporcionar um serviço mais rápido.
3. **As pessoas querem alguém de carne e osso disponível.** Seu cliente quer assegurar-se de que pode localizar imediatamente uma pessoa de carne e osso quando surgir um problema ou uma dúvida. Ofereça várias opções para ele entrar em contato com você, entre elas um telefone comercial, um telefone residencial, e-mail, celular e WhatsApp.
4. **As pessoas querem falar com alguém amigável.** Não

importa quem vai falar com o cliente: certifique-se de que essa pessoa seja sorridente ao telefone. Mesmo que o cliente não esteja vendo com quem está falando, um sorriso torna a voz mais calorosa.

5. **Prometa menos e entregue mais.** Se promete muito e entrega pouco em seus produtos e serviços, podemos garantir que seu cliente NÃO vai recomendar você aos conhecidos.

6. **Ajude o cliente a resolver um problema.** Se o cliente liga com um problema específico, quer que você o ajude a resolvê-lo. Se você fizer isso com frequência, verá crescer muito sua base de clientes.

7. **Diga ao cliente: "Dá para fazer, sim."** Quando você empodera sua equipe para atender o cliente, descobre que não só o cliente fica feliz, mas os funcionários também.

8. **Não seja mesquinho com o cliente.** O que quer que você venda, não cobre do cliente por pedidos pequenos ou simples – isso soa mesquinho. Preste serviços de cortesia sempre que possível.

9. **Diga "Obrigado por fazer negócio".** Sempre que tiver oportunidade, faça o cliente saber quanto você aprecia o trabalho dele. O segredo é dar o recado com sinceridade.

Lembre-se: a percepção que o cliente tem da sua empresa é, para ele, a realidade. Portanto, pare por um instante e avalie sua forma de fazer negócio. Além disso, pode valer a pena realizar por e-mail uma pesquisa de satisfação do cliente, para saber o que você pode aprimorar em seus produtos e serviços.

Pesquisas assim também podem gerar receita para sua empresa, porque são uma excelente forma de perguntar à sua base de clientes sobre quais outros produtos e serviços eles teriam interesse em saber mais.

## O follow-up

Uma coisa que você certamente aprendeu neste livro é que as vendas são uma questão de se tornar (repita com a gente agora) um *conselheiro de confiança* do seu cliente. A fim de conseguir isso, ligue de volta para ele depois da venda. Afinal de contas, que tipo de conselheiro de confiança é esse que desaparece depois da venda? Na verdade, talvez você tenha percebido que nosso modelo é um ciclo. *Confirme* leva de volta a *conecte-se*.

*Sempre* faça follow-up com seus clientes. Você pode conquistar a lealdade do cliente oferecendo valor excepcional e fazendo o follow-up para garantir que sua solução atendeu as expectativas dele.

## Mantenha contato

Um follow-up eficiente envolve entrar em contato com o cliente depois da venda para confirmar se está satisfeito com a solução. Manter contato vai além de uma ligação isolada: o objetivo é fortalecer seu relacionamento com o cliente. Lembre-se de usar as redes sociais!

Jonathan Vehar conta uma história sobre a importância de manter contato. Diz ele:

Muitos anos atrás, trabalhei com um cliente em uma estação de esqui durante um *offsite* corporativo. Recentemente, levei minha família à mesma estação e mandei uma mensagem para esse ex-cliente lembrando o sucesso daquele retiro, em um lugar tão bom, e agradecendo a ele por ter me apresentado aquele excelente local para esqui, onde minha família passou férias excelentes. Já fazia alguns anos que eu não falava com ele, e mesmo assim, duas semanas depois do meu e-mail, ele me enviou uma mensagem perguntando se eu poderia organizar outro *offsite* para ele. Eu não sabia que ele estava planejando outro retiro. Não estava em busca de uma oportunidade de negócio. Esse exemplo mostra a importância de manter contato, lembrando aos clientes que você está disponível com seu produto ou seu serviço. Nunca se sabe quando ele vai precisar do que você tem a oferecer. Por isso, mantenha seu nome na cabeça do cliente de tempos em tempos, mesmo que não tenha notícias dele. Nunca se sabe quando ele vai responder.

## Formas de manter contato

Michael Crom, do comitê diretor da Dale Carnegie e Associados, diz:

Manter contato com o cliente é uma maneira importante de aumentar o retorno do investimento. Organizações de todos os tamanhos sofrem para manter contato com o cliente, pois isso pode consumir muito tempo. Montar um sistema simples de acompanhamento do cliente permite que você mantenha as soluções de sua empresa na mente dele quando ele estiver disposto a comprar.

Michael dá três dicas para manter contato com o cliente depois da venda:[13]

**Reserve um horário para o follow-up e obedeça-o.** Muitas vezes o acompanhamento deixa de ser uma prioridade porque toma tempo, e temos outras tarefas mais urgentes a realizar. Mas é importante reservar espaço em sua agenda para isso, por ser um investimento de longo prazo, assim como guardar dinheiro para a aposentadoria.

**Vá devagar.** Se estiver com medo de estar forçando a barra, use a conversa inicial apenas para acompanhamento. Não ofereça nada na primeira ligação e faça questão de completar o ciclo com o cliente depois de construir o relacionamento.

**Seja organizado.** Sistemas de gestão de relação com o cliente podem ser uma excelente forma de monitorar as informações. Procure alimentar o sistema com o maior número de detalhes possível, de modo abrangente e correto, e use o tempo de acompanhamento para garantir a relevância e a atualização desses detalhes.

Neste capítulo, tratamos dos meios de saber qual é o momento de solicitar o fechamento de uma venda. Também falamos das diferentes maneiras de propor a venda e examinamos ideias para serviço ao cliente, follow-up e manutenção do contato. No próximo capítulo, vamos tratar de algumas dicas de soluções quando as coisas não saem tão bem quanto o planejado.

# LIÇÕES DO CAPÍTULO 9

- Esteja atento aos sinais de compra antes de propor o fechamento da venda.
- Usando o poder da observação, você conseguirá identificar sinais não verbais que indicam se o prospecto está interessado ou não.
- Tendo conseguido construir o relacionamento, propor ou pressupor o fechamento da venda deverá ser um passo tranquilo.
- O serviço ao cliente começa no momento em que alguém compra seu produto ou serviço.
- O follow-up com o cliente é essencial para você se tornar um conselheiro de confiança.
- Manter contato exige desenvolver um sistema específico.

# 10

# Desastres, erros e problemas

Até mesmo os melhores vendedores cometem erros. Às vezes, as coisas fogem do nosso controle e acabam se transformando em erros durante uma venda. Quem quer que seja o culpado, o vendedor pode ter um impacto poderoso na solução do problema.

## Como salvar um cliente

Jonathan Vehar conta como você pode transformar um desastre em uma oportunidade para conquistar a confiança do cliente. Nesse sentido, o vendedor pode ser considerado aquele craque que sai do banco de reservas para virar o jogo.

O que um banco, uma vidraçaria e um time de beisebol têm em comum? Quando eu trabalhava em publicidade, houve três ocasiões em que tive oportunidade de resgatar a empresa de um cliente. Em duas delas a agência tinha tido participação em erros graves (com os quais eu não tinha nada a ver, pois não trabalhava com aquelas contas). Os principais diretores da agência me pediram que os acompanhasse na visita aos clientes para sentar com eles, ouvi-los, aguentar a bronca e então tranquilizá-los, pois faríamos de tudo para consertar o serviço. Em ambos os casos, conseguimos consertar, manter o cliente e ampliar o negócio, demonstrando que éramos dignos de confiança para o conserto.

Em outra situação, liderei um projeto com cujo resultado o cliente ficou muito descontente. Cheguei um dia ao trabalho e recebi uma ligação avisando que o cliente ia fazer uma viagem de duas horas e meia de carro para nos encontrar e ver como consertar. Minha agenda daquele dia foi pelos ares e reunimos uma equipe para nos prepararmos. Decidimos encarar a situação como uma oportunidade para demonstrar ao cliente todo o nosso compromisso com ele. Ao nos reunirmos com o cliente para analisar o problema, descobrir como resolvê-lo e garantir que todos estivessem satisfeitos, demonstramos quanto ele era importante para a agência. Em vez de perder a conta naquele dia, cimentamos um novo relacionamento com o cliente que permitiu que a empresa crescesse.

Nunca esquecerei que naquele dia o escritório estava em obras. No começo da reunião, enquanto o cliente nos contava em voz alta e enfática (para ser ouvido, por conta do ruído da obra) que havíamos cometido um erro, de repente uma serra abriu um buraco na parede da sala onde estávamos. Todo mundo levou um susto! Alguém fez um comentário sobre como aquilo simbolizava a conversa que estávamos tendo, o que fez todo mundo gargalhar. O riso quebrou o clima tenso e foi decisivo para criar um ambiente colaborativo, que acabaria levando ao êxito.

Quando você sabe lidar com os erros, o cliente fica satisfeito e a probabilidade de ele voltar a comprar aumenta. Quando o cliente chegar com uma reclamação, siga os seguintes passos para garantir que ele seja tratado de maneira proativa:

1. **Escute.** Quando você ouve a mesma reclamação com certa frequência, às vezes fica difícil prestar atenção de verdade. No entanto, dê ao cliente a oportunidade de desabafar a frustração dele. Mostre empatia. Preste atenção nos fatos e nas emoções. Demonstre uma escuta proativa, resistindo à ânsia de reagir rápido demais.

2. **Questione.** Comece de forma amigável. Faça perguntas que esclareçam a preocupação. Uma vez mais, resista à ânsia de reagir à queixa até entender verdadeiramente a questão.

3. **Acolchoe.** Mostre empatia e encontre um ponto de concordância com a pessoa. Isso não significa necessariamente que você concorda com a queixa, mas mostra que a ouviu e compreende a importância dela.

4. **Trate do problema.** Agora que as questões emocionais foram tratadas, faça tudo que estiver ao seu alcance para resolver os aspectos práticos da reclamação. Assuma a responsabilidade pelo ocorrido, mesmo que você não tenha sido o culpado diretamente.

5. **Faça perguntas** para verificar até que ponto você resolveu o lado emocional e prático da queixa. Dê ao cliente outra oportunidade de falar e escute proativamente.

6. **Ofereça ajuda extra.** Tire a queixa do foco da conversa, perguntando o que mais pode fazer pelo cliente. Tente prover algo de valor que o faça dizer *Uau!*. Transforme o erro em uma oportunidade para reforçar o relacionamento e conquistar a lealdade do cliente.

7. **Faça o follow-up.** Muitas vezes os erros não podem ser completamente resolvidos no primeiro contato. Caso precise retornar ao cliente, faça isso de forma rápida e minuciosa. Mesmo sabendo que o erro foi resolvido, invente um pretexto para falar com o cliente. A chave é o relacionamento com ele.

## As vendas do futuro

Às vezes o problema não vem na forma de um desastre ou um equívoco cometido por você ou por um membro da sua equipe. Ele vem do simples fato de o mundo mudar e evoluir.

Na Dale Carnegie Training, compreendemos isso muito bem. Afinal de contas, muita coisa mudou desde 1937. Para que nossa empresa continuasse atual e relevante, precisamos mudar e nos atualizar. Quando você dá um Google em nosso nome, milhões de resultados aparecem. Por quê? Porque nos mantemos em compasso com nosso tempo. Realizamos pesquisas fundamentais, publicamos vídeos e escrevemos blogs; temos treinamentos on-line e *webinars*. Publicamos livros e artigos, fazemos curadoria de conteúdo e anúncios. Continuar vivos na mente das pessoas que querem treinamento exige um esforço constante dos membros da nossa equipe no mundo inteiro.

## Os desafios em nosso caminho

Pallavi Jha, da Dale Carnegie da Índia, fala sobre os desafios do porvir:

Vivemos um tempo em que os clientes compram on-line. Têm

rápido acesso à comparação de produtos, à satisfação imedia-ta e à gratificação instantânea. Como se tornar um conselheiro de confiança quando eles fazem tanta coisa por conta própria? A venda baseada no conhecimento não basta. Como se diferenciar quando as pessoas podem obter on-line toda a informação de que necessitam?

Você precisa encontrar um jeito de se tornar relevante para *aquele* cliente. Precisa buscar um toque pessoal. A discussão tem que ser orientada para o serviço. Só assim o vendedor médio consegue evitar tornar-se uma vítima do processo de venda da Amazon.

Pergunte a si mesmo: "Onde o cliente está em sua jornada e onde eu posso agregar confiança e credibilidade ao processo?" Como podemos nos envolver nos estágios iniciais da tomada de decisões? Envolver-se é revelar a necessidade. Quando você consegue atingir esse estágio, adquire maior influência.

A resposta, claro, é fazer as perguntas certas. E isso exige uma comunicação constante com o cliente. No começo, pode ser que ele descubra do que necessita com a sua ajuda. Você precisa falar das tendências que estão aparecendo e aconselhar. Ou precisa ser capaz de dizer: "Ele já decidiu, então vamos fazer algumas perguntas a ele."

Os vendedores me dizem que um dos principais desafios hoje é quão sofisticado o consumidor está. Como podemos atender suas expectativas?

Um jeito de fazer isso é garantir que você dispõe de boas informações sobre o seu cliente e os seus produtos, para continuar um passo à frente. A tecnologia e a inovação evoluem o tempo todo. Hoje, temos reuniões virtuais e inteligência artificial. Sempre vai ocorrer alguma calamidade, em algum lugar, com que as pessoas terão que lidar. Quando você sabe usar bem a tecnologia para se tornar um conselheiro de confiança do cliente, você consegue se manter na dianteira.

Outra maneira é ajudar o cliente a usar a inteligência de vendas em benefício próprio. Como ele pode medir a própria satisfação como cliente? Pesquisas não bastam.

A melhor maneira de lidar com o desafio do consumidor sofisticado é, em vez de perseguir o faturamento e as vendas, olhar de forma holística para a jornada do cliente. Desenvolver relações de trabalho colaborativas com outros departamentos da empresa. Conhecer pessoas em todos os setores, de modo que, quando ocorrer um erro, você possa dizer ao cliente: "Deixe-me ligar para o encarregado de entregas para ver o que está acontecendo."

Isso é crucial para o êxito em vendas, porque, por exemplo, se as entregas estão sempre atrasadas, fica mais difícil para você vender.

O processo de venda é complicado, e o que estamos argumentando é que uma venda baseada na confiança é a única forma de se diferenciar e encarar os desafios pela frente.

## LIÇÕES DO CAPÍTULO 10

- Todo vendedor comete erros. O que importa não é o erro, mas o que você faz depois do erro.
- Problemas são oportunidades para tornar o relacionamento ainda mais forte do que antes de sua ocorrência.
- Para não se tornar mais uma vítima do mundo da Amazon, busque o tempo todo formas de agregar mais valor para o seu cliente.
- Quanto mais cedo você conseguir entrar no processo de decisão, mais influência terá.
- Usar a inteligência de vendas (e ajudar seu cliente a fazer o mesmo) vai ajudá-lo a ficar um passo à frente.
- Ensinar é aprender. Poste nas redes sociais a principal lição que aprendeu neste capítulo ou na Parte Dois.
- Sempre faça follow-up com seu cliente.

*Hoje em dia, milhares de vendedores cansados, desencorajados e mal remunerados lotam as calçadas das ruas. Por quê? Porque só pensam no que desejam. Eles não percebem que as pessoas não querem comprar nada. Se quisessem, sairiam para comprar. As pessoas só estão interessadas em resolver os próprios problemas. Se os vendedores conseguissem mostrar como seus serviços ou suas mercadorias nos ajudarão a resolver nossos problemas, não precisariam vender nada. As pessoas comprariam. E os clientes gostam de sentir que estão comprando, e não que alguém está lhes vendendo algo.*

— DALE CARNEGIE,
COMO FAZER AMIGOS E INFLUENCIAR PESSOAS

## PARTE TRÊS

# Como ganhar o jogo mental das vendas

# 11

# OQDCF?

Por que precisamos falar sobre como ganhar o jogo mental das vendas? Um motivo é que nossa pesquisa mostra que o que você pensa é relevante para o comprador. O cliente confia em vendedores confiantes (71%) e com atitude positiva (79%). Em *Venda!*, falamos muito sobre como se tornar um conselheiro de confiança para o cliente. Apresentamos um passo a passo para desenvolver e alimentar esses relacionamentos. No mundo real, porém, onde as vendas realmente acontecem, não é tanto uma questão das ferramentas que você aprendeu a aplicar ou das frases que ensaiou dizer, mas do que você diz a si mesmo. No fim das contas, as vendas são um jogo mental do vendedor consigo mesmo. Quando está na frente do prospecto ou do cliente, as palavras que você diz podem concretizar ou não a venda.

Anteriormente, falamos sobre o poder das perguntas quando se trata de conversar com um prospecto ou um cliente. E quanto às perguntas que você faz a si mesmo? Elas são ainda mais poderosas.

# O poder das autoperguntas

Vamos revisitar o Modelo de Questionamento e aplicar o processo ao seu monólogo interior. Recordemos as categorias.

### Perguntas "Como é hoje"

Elas nos ajudam a determinar a situação atual do comprador. Proporcionam um panorama das questões-chave, como as especificações do produto, outras questões que influenciam a decisão de compra e os desafios que podemos tratar com nossa solução.

### Perguntas "Como deveria ser"

Elas nos ajudam a descobrir a visão do comprador em relação à própria operação em um mundo ideal. Devem focar em como a situação poderia estar diferente se ajudássemos o comprador a resolver os problemas dele.

### Perguntas "Mudança"

Identificam os fatores que estão impedindo o comprador de atingir o "como deveria ser". Embora esses obstáculos não sejam objeções, podem levar a elas. Por exemplo, um determinado orçamento é uma barreira que pode levar a objeções em relação ao preço. O questionamento deve focar em como o retorno do investimento pode ter um efeito positivo no orçamento.

### Perguntas "Benefícios"

Esclarecem como o comprador vai se beneficiar pessoalmente

com a solução. As respostas a essas perguntas permitem compreender e apelar para a motivação da compra.

## O monólogo de questionamento

Agora pense nos tipos de pergunta que você faz a si mesmo nessas áreas, ou no monólogo interior que pode estar ajudando ou atrapalhando você.

### Perguntas "Como é hoje"

"O patrão não consegue nem enxergar qual é o problema atual. Como é que vou vender minha solução quando o *player* principal nem sequer reconhece que existe um problema?"

Ou: "Eles não precisam do que estou vendendo. Parecem estar se saindo muito bem com a solução atual. Que melhoria eu poderia agregar?"

### Perguntas "Como deveria ser"

"Sabe como deveria ser? Eu deveria ter os recursos de que necessito para conseguir fazer essa venda. Mas com os cortes na empresa não consigo nem fazer as ligações necessárias para atingir minha meta."

### Perguntas "Mudança"

"Nosso produto é caro demais. Não nos atualizamos, e o orçamento dos clientes está encolhendo. Não temos como justificar nossos preços."

## Perguntas "Benefícios"

"Honestamente, nossa solução faz uma diferença imperceptível. Todo mundo continua fazendo a mesma coisa, e pouco importa se usam a nossa solução ou a do concorrente."

Podemos até estar exagerando, mas é seguro afirmar que a maioria de nós já teve pensamentos parecidos em um ou outro momento. Quando você se vê diante da rejeição, sente que não dispõe dos recursos necessários para cumprir seu papel ou não acredita 100% no seu produto, fica difícil entrar na sala de reuniões com um sorriso de orelha a orelha.

O que o vendedor deve fazer?

## OQDCF?

É nesse momento que você precisa canalizar seu Dale Carnegie interior. Pergunte a si mesmo: "O que Dale Carnegie faria?" Se você pudesse conversar com ele sobre os problemas que vem enfrentando, as coisas que o desanimam ou apenas para pedir algum conselho, o que acha que ele diria?

Em todos os seus livros, áudios e demais obras, uma das mensagens principais é que você precisa enxergar a si mesmo como o mensageiro de algo importante. É uma questão de autoconfiança.

Sua forma de se apresentar em uma situação de vendas reflete o valor que você acredita agregar ao mundo. Tem menos a ver com a tinta da impressora, os sapatos ou o software que você vende, e mais com a mentalidade "Estou aqui para ajudar. Tenho algo de valor a oferecer". Pare de se enxergar como alguém que vende e passe a focar em servir o prospecto. Foque em ser – adivinhe? – um conselheiro de confiança.

Algumas pessoas têm dificuldade para fazer isso. Se fuçarem um pouco, vão desencavar o monólogo interior que diz: "Quem sou eu para chegar aqui e dizer aos outros como posso melhorar a vida deles?" Ou, quando não estão apaixonadas pelo produto ou serviço que vendem, podem pensar: "Essa solução nem tem tanto valor assim. Não me sinto à vontade para vendê-la."

Eis um exemplo de um de nossos treinadores:

Treinei corretores de iates que vendem embarcações lindas e caríssimas. No intervalo de quase toda aula, alguém aparecia dizendo: "Não sei se essa Hatteras 72 vale 3,4 milhões!" Eu sempre perguntava a eles: "Vocês sabem por que as pessoas compram esse tipo de produto?" Em geral, a resposta era: porque elas acham que podem, ou porque têm muito dinheiro. Errado! Em geral, elas compram porque querem ter uma coisa de qualidade superior, ou levar a família para passear no Natal, ou velejar pelo Caribe. A família é um fator importante na decisão. Entrevistando alguns de seus atuais clientes, você pode descobrir por que eles compram, e isso vai reforçar muito sua fé e sua confiança em si mesmo.

Essas são as crenças que você precisa identificar e questionar a fim de adotar a mentalidade de um conselheiro de confiança.

Robin James era conselheira de recrutamento em um MBA novinho em folha, voltado para adultos inseridos no mercado de trabalho. A função dela era levar candidatos a alunos para um passeio pelo campus, fazer perguntas que a ajudassem a identificar os objetivos deles e então vender o programa de um ano de 12 mil dólares.

O problema é que, como ela trabalhava lá, deixou de confiar na qualidade do ensino. As aulas oferecidas não eram aquelas típicas de um MBA, e havia uma forte pressão sobre os professores para que eles dessem notas altas aos alunos, melhorando assim o credenciamento do programa. Ela achava que o que os alunos aprendiam ali não era aquilo que um estudante de MBA deveria saber. Mas o padrão de admissão era baixo, a anuidade também, comparada à de outros programas, e as aulas eram mais fáceis que em um MBA normal.

Robin vivia um conflito interior. Trabalhava com vendas, mas não dava valor àquilo que vendia. Então, certa noite, teve uma conversa imaginária com Dale Carnegie.

"Como eu posso vender um programa de pós-graduação que considero inferior?", perguntou mentalmente.

"Mudando aquilo que você enxerga como a proposição de valor", respondeu o Dale imaginário.

"O que você quer dizer?"

"Robin, essas pessoas não querem ser aceitas em um MBA tradicional. Esses MBAs são programas rigorosos, e é muito difícil entrar neles. Não é com eles que você está competindo. O valor que você proporciona é um programa em que é mais fácil entrar e mais fácil terminar, criado para alunos cuja opção é fazer MBA ou não fazer MBA. Você está oferecendo a essas pessoas a chance de obter um diploma, quando do contrário elas não teriam essa oportunidade. Nem todo comprador de carro quer um carro esporte caro. Tem gente que só quer um meio de transporte barato. Não se sinta mal por não vender um carro esporte a quem quer comprar um carro popular."

Veja bem, a mentalidade de um conselheiro de confiança é ajudar o comprador a descobrir oportunidades em áreas que importam para *ele*. Você tem o potencial de agregar valor ajudando o outro a encontrar uma solução para algo que é importante para ele.

É bacana ter um trabalho assim, não acha? Por isso, da próxima vez que alguém perguntar o que você faz na vida, simplesmente responda: "Eu resolvo problemas."

## Anotações de campo

Já que esta é a parte "diário de campo" do livro, escreva suas respostas às seguintes perguntas:

Quando você encontra um vendedor, qual é a sua primeira reação? É "Sai daqui", "Opa, eu também sou vendedor" ou outra coisa?

_____

_____

_____

_____

Quando você não está trabalhando, qual é o seu grau de autoconfiança? Infinitamente otimista? Ou não quer nem sair da cama para encarar o mundo?

_____

_____

_____

Em uma conversa comum, até que ponto você se sente à vontade para dar diretamente sugestões e conselhos? Por quê?

_____

_____

_____

_____

Você se sente bem em relação àquilo que está vendendo? Em caso negativo, que outro valor seu produto ou seu serviço (ou seu relacionamento com o cliente) oferece?

_____

_____

_____

_____

# 12

## *Don't worry, sell happy*

S e você tentar enxergar sinceramente as coisas do ponto de vista do outro, uma mentalidade de empatia será o combustível do seu sucesso. Imagine vender treinamentos de vendas e ouvir seu prospecto dizer isto: "Meus clientes só compram pelo preço, então não sei como vocês poderiam ajudar a mim e à minha equipe."

Foi assim que John Rodgers, sócio-gerente da Dale Carnegie em Pittsburgh e Cleveland, respondeu:

Bem, se você me autorizar a conversar com a sua equipe para tentarmos descobrir uma forma de criar um *case* de sucesso, talvez possamos conquistar mais negócios. A resposta: "Fique à vontade." Fazendo perguntas a ele e à equipe, descobrimos que, para as empresas que trabalham com estradas e pontes, o tempo ocioso era um fator matador e caro no modelo de negócios. Na verdade, defeitos técnicos e tempo ocioso eram duas das razões para as empresas não cumprirem prazos, o que custava a elas dezenas de milhares de dólares. Descobrimos que ele era o único negociante de equipamento pesado que oferecia serviço *in loco* no mesmo dia para todo tipo de equipamento, em uma base territorial bastante vasta.

Então treinamos a equipe de vendas, por meio de questionamentos, para colocar essa exigência em todas as chamadas de contratação de novos equipamentos. Os clientes ficaram empolgados porque, pagando apenas alguns dólares a mais adiantado, eles tinham a garantia de que o equipamento estaria funcionando e que os contratos seriam cumpridos no prazo, o que trouxe economia de custos e aumento dos lucros. Em dois anos, o negociante de equipamentos com quem eu trabalhava ganhou quase 90% de participação no mercado, com lucros elevados. Isso durou, é claro, até os concorrentes ajustarem suas capacidades de atendimento.

Mas às vezes nosso dia se parece mais com isto: com poucos minutos de uma chamada de vendas, Allen Sumpter ouviu uma voz na cabeça: "Ele está vendo que não faço ideia do que estou dizendo. Você não pesquisou o bastante antes da reunião. Está estragando a venda."

Allen, como a maioria de nós, tem uma voz crítica interior que vai narrando os fatos em tempo real, consciente ou inconscientemente. Muitas vezes, somos nossos piores inimigos. Tememos coisas que não existem: nos preocupamos com coisas fora do nosso controle ou que nunca chegarão a acontecer.

A maioria de nós opta por reagir a esse crítico interior ignorando ou retrucando. Mas, mais ou menos como acontece com a criança que quer sorvete antes do jantar, isso não dá muito certo. A voz só vai ficando mais forte e exigente.

Dale Carnegie oferece algumas técnicas básicas para pinçar as coisas realmente construtivas que o seu cuidador interior tem a dizer em meio às maldades, mais ou menos como um pai ou uma mãe irritado falaria com a gente:

# Técnicas básicas para analisar os receios

1. Levante todas as informações.

2. Pese todas as informações e então tome uma decisão.

3. Quando chegar a uma decisão, aja!

4. Escreva as respostas às seguintes perguntas:
   a. Qual é o problema?
   b. Quais são as causas do problema?
   c. Quais são as possíveis soluções?
   d. Qual é a melhor solução possível?

5. Como encarar os problemas:
   a. Pergunte a si mesmo: "Qual é a pior coisa que pode acontecer?"
   b. Prepare-se para aceitar o pior.
   c. Tente melhorar a partir do pior.

Em outras palavras, desenvolva uma voz interior mais compreensiva para se contrapor à voz crítica. Quando se pegar preocupado ou ouvir a voz negativa detonando você, simplesmente diga a ela: "Obrigado. Aprecio sua preocupação. Você tem razão. Eu podia mesmo ter me preparado melhor para esta reunião. Mas, mesmo que eu perca a venda, ainda posso aprender alguma coisa. E terei agregado valor, de alguma forma, à outra pessoa. Nada é em vão."

# Fica feliz

Acredite se quiser, é de fato possível mudar o estado de espírito de estresse e ansiedade para sentir-se confiante e contente. Os passos a seguir compõem o acrônimo FICA, iniciais de *foco, iniciativa, comida* e *amor*.

## Foco

Em que você está focado? Tem se deixado levar por pensamentos negativos sem perceber? Foque, em vez disso, em coisas positivas. Em certos dias, é difícil mesmo. Por isso, pegue algo pequeno. Olhe à sua volta agora. Vê alguma coisa positiva em que você possa focar? Pode ser algo simples: uma mensagem que recebeu hoje de manhã de seu melhor amigo; seu cachorrinho, eternamente feliz; ou o convite para uma festa no final de semana. Qualquer que seja a situação, você tem como achar algo positivo em que focar. Fazer isso vai desligar as substâncias químicas negativas no seu cérebro e ativar as positivas.

## Iniciativa

Blá-blá-blá. Apostamos que você está cansado de ouvir isso, mas é verdade. Exercícios físicos melhoram o estado de espírito. Por isso, se você anda cabisbaixo, mexa-se. Vá dar uma caminhada. Faça uma trilha no mato. Arrume a garagem. Mexa-se!

## Comida

Aquilo que você come ou deixa de comer pode ter um impacto enorme no seu estado de espírito. Se estiver sofrendo um ataque de tristeza, sentindo-se mal consigo mesmo, irritadiço ou sem paciência, coma alguma coisa. É claro, porém, que *aquilo* que você come também é de suma importância. Não pegue porcaria na máquina de venda automática. Procure carboidratos complexos, que aumentam naturalmente os níveis de serotonina no cérebro. O que você come e quando você come podem fazer uma diferença enorme no seu humor.

## Amor

Por fim, se você não consegue mesmo se livrar daquela voz insistente na sua cabeça, procure pessoas de quem você gosta. Não para reclamar, mas para fazer algo carinhoso por alguém. Pesquisas mostram que quando praticam atitudes altruístas – fazendo algo por alguém apenas por fazer – as pessoas se sentem melhor.

Vendedores estão sempre preocupados em atingir metas e gerar receita. Alguns caem na armadilha de tentar fazer cada vez mais, causando um desequilíbrio em sua vida. Para contrapor-se a essa tendência, é preciso estabelecer metas claras, detalhar as ações necessárias para alcançá-las e monitorar atentamente a quantas andam. Não se esqueça de reservar tempo para comemorar a cada marco, de modo a permitir-se resetar-se para o desafio seguinte!

# 13

# Não afunde seu barco

"Estou precisando mesmo dormir", pensou David Kristoff ao perceber que já era meia-noite e meia. "Tenho uma apresentação de manhã e preciso sair de casa às 7h30." Em vez de desligar a TV, porém, ele convenceu a si mesmo de que ainda não estava pronto para dormir e colocou a culpa no chefe, que não o deixou sair do escritório cedo o bastante naquele dia.

Como era de esperar, quando o alarme tocou, às 6h30, ele nem escutou. O segundo alarme, às 6h45, ele ouviu, mas ficou apertando o botão "soneca" até as 7h15. Àquela altura, já não dava tempo de tomar banho, tomar o café da manhã ou fazer qualquer uma das outras coisas que fazem com que a manhã pareça calma e sem pressa.

Por ter saído tarde, ele pegou mais engarrafamento do que esperava e chegou ao escritório do cliente 10 minutos atrasado. Esqueceu a fonte do notebook e por conta disso perdeu 10 minutos acessando o PowerPoint na nuvem, no computador de um dos clientes. Depois desse começo constrangedor, a reunião foi só ladeira abaixo. David não estava em um de seus melhores dias e não fechou a venda.

Já passou por isso? Há uma infinidade de formas e razões para nos autossabotarmos. A seguir, as cinco principais maneiras de uma pessoa solapar o próprio sucesso.

# Os cinco maiores sabotadores

1. **Não saber quais são as suas metas.** Digamos que você queira fazer uma viagem de negócios – pegar a estrada para vender algum produto. Você entra no carro e sai dirigindo. Não tem nenhum destino específico em mente; apenas sai por aí dirigindo, na esperança de encontrar alguém que necessite do seu produto. Com certeza não é uma boa forma de vender. Para isso, você precisa ter um destino. Para quem você vai vender? Onde está essa pessoa? A questão não é passar mais horas dirigindo. Trabalhar arduamente por uma meta mal articulada é uma forma de autossabotagem porque, quando não funciona, é fácil dizer: "Sou um péssimo vendedor."

2. **Não dispor de um plano para conduzi-lo.** Esse item se junta ao primeiro. Você pode ter a meta mais bem articulada do mundo, mas, se não dispuser de um plano para alcançá-la, é como ficar sentado dentro do carro no estacionamento. A maioria dos vendedores se esquece de fazer um planejamento dos contatos e não estabelece metas claras de como fazer a venda avançar. Para conseguir movimento com um cliente, é preciso focar em um desfecho claro, ou no próximo passo, e obter esse compromisso. Evidentemente, agora você já aprendeu um sistema completo, então isso não será mais um problema!

3. **Não seguir o planejado.** É nesse ponto que a maioria das pessoas tropeça. Você pode ter uma meta excelente e um plano perfeito, mas, se não segui-lo, não terá êxito. É como aquele homem que diz que quer perder flacidez e ganhar peso. Ele estabelece uma meta clara, compra uma pilha de

livros e comida para a dieta, e no intervalo do almoço está no drive-thru da lanchonete.

O que fazer quanto a isso? Como ser levado a fazer o que realmente é preciso fazer? É tudo uma questão de *transição*. A transição é aquele momento em que você deixa de fazer uma coisa para fazer outra. Por exemplo, você fez 10 cold calls de manhã, como planejado. E agora? Essa é a hora mais crucial do dia. É no momento da transição que você está mais suscetível a se sabotar. É como um carro com câmbio manual: ao trocar de marcha, há um breve instante em que o carro fica sem marcha. É nessa hora que você precisa retornar ao plano. Pergunte a si mesmo: "Qual é a coisa mais eficaz que posso fazer neste exato instante para atingir minha meta?" Você volta do trabalho com a ideia de fazer o follow-up com o cliente que encontrou naquele dia. Mas tomar uma tacinha de vinho no sofá começa a parecer uma ideia não tão ruim. É aí que revisar seu plano pode fazer a diferença entre segui-lo ou não segui-lo.

4. **Planejar demais.** Então você nunca deve se desviar do seu plano? É claro que não. Às vezes um bichinho morde a gente e dá vontade de cancelar o trabalho e ir ao parque. Faça isso! Nem só de pão vive o homem.

Mas, se perceber que está o tempo todo renunciando a seus planos, talvez você tenha acumulado coisa demais. É importante incluir na rotina atividades divertidas, relaxantes, não planejadas. É hora de rever sua agenda diária e eliminar algumas tarefas.

5. **Desperdiçar seu tempo.** Por fim, todos desperdiçam tempo de alguma forma. Pode ser no Facebook ou em compras na Amazon. Pode ser maratonando séries na Netflix.

É muito fácil cair na espiral de vídeos do YouTube ao começar a "dar um Google" em vídeos de Dale Carnegie e acabar assistindo a filmes de pessoas andando de bonde em 1910. É interessante, mas não é a melhor forma de empregar o seu tempo. Segundo a revista *Forbes*, quando você se distrai, leva em média 23 minutos para retomar o que estava fazendo.[14] Dar-se ao luxo de desperdiçar tanto tempo pode ter um impacto substancial na sua carreira.

A Dale Carnegie Training identificou várias maneiras de ajudá-lo a decidir como usar seu tempo. Repetindo, não estamos dizendo que você nunca deve passar uma noite (ou um fim de semana) assistindo a *Game of Thrones*. O que importa é o que você faz na maior parte do tempo.

## Gestão do tempo: como priorizar

O tempo voa quando estamos nos divertindo – ou não. A chave é otimizar o tempo, tanto na vida profissional quanto na pessoal, de um jeito que renda bons resultados. A seguir, uma breve lista para ajudá-lo a priorizar tarefas e trabalhar com eficiência:

1. **Registre as atividades planejadas.** Faça uma lista de tudo que você precisa realizar no dia ou na semana, de modo a atingir os resultados esperados.

2. **Determine as metas primárias.** Faça uma lista dos objetivos primordiais do dia ou da semana.

3. **Leve em conta a regra do 80/20.** Determine quais 20% das atividades renderão 80% dos resultados, aproximando

você das suas metas. Quando treinamos executivos ou profissionais de vendas, observamos atentamente em que eles gastam o tempo. Procuramos focar mais tempo em atividades produtivas e menos em apagar incêndios. Também discutimos como questões urgentes, mas de pequena importância, acabam nos atraindo para sua órbita.

4. **Avalie o que é importante *versus* o que é urgente.** Determine quais atividades são importantes e quais são imperiosas, ou até urgentes. Leve em conta como algumas tarefas afetam outras e as consequências de deixar de completá-las.

5. **Ponha em ordem.** Use um sistema de ranqueamento ao começar a planejar. As tarefas A têm alta prioridade e devem ser completadas de imediato. As tarefas B são importantes num nível moderado, mas podem ser feitas depois das tarefas A. As tarefas C são de menor importância, então podemos tratar delas no nosso tempo livre.

6. **Crie uma agenda.** Estabeleça prazos para cada tarefa e faça uma estimativa do tempo necessário para completar cada uma. Crie uma agenda e busque oportunidades de realizar duas ou mais tarefas ao mesmo tempo. Por exemplo, dá para casar algo menos prioritário com algo de maior importância?

7. **Reavalie e ajuste as metas.** Revise seus objetivos tendo em vista a linha de chegada e adeque seu planejamento.

8. **Limpe e elimine** as tarefas que nunca saem do pé da sua lista e que, de um ponto de vista realista, nunca serão completadas.

# Algumas conclusões

**B**oa notícia: seu setor precisa de você e de seu método de vendas de relacionamento baseado em princípios! Nossas pesquisas em setores e empresas de todos os tamanhos apresentam a seguinte realidade nua e crua: 71% dos consumidores dizem que preferem comprar de um vendedor em quem têm total confiança a fazê-lo de um vendedor que oferece um preço menor. Mas menos de quatro em cada 10 pessoas dizem confiar em seu vendedor na maior parte do tempo.

Ironicamente, a melhor maneira de desenvolver uma relação de vendas é *parar de vender*. Pare de focar no balancete. Em vez disso, concentre-se em se tornar um conselheiro de confiança, desenvolvendo com o cliente um relacionamento que lhe permita agregar valor à vida dele. Este livro ensinou a você princípios, testados pelo tempo, de construção de relacionamento, que são o legado de nosso fundador, Dale Carnegie, usando um processo baseado em nossas mais recentes pesquisas. Você poderá sentir orgulho da carreira que escolheu porque é um solucionador de problemas, focado em alimentar uma relação de confiança com alguém que, por acaso, vem a ser seu cliente.

*Pessoalmente, adoro morangos com creme, mas me
dei conta de que, por algum motivo, os peixes preferem
minhocas. Por isso, quando saio para pescar, não penso no
que eu quero, mas no que eles querem. Por isso não coloco
morangos com creme no anzol. Em vez disso, coloco uma
minhoca ou um gafanhoto na frente do peixe e pergunto:
"Quer dar uma mordidinha?" Por que não aplicar o mesmo
bom senso da pescaria ao lidar com as pessoas?*

– DALE CARNEGIE,
COMO FAZER AMIGOS E INFLUENCIAR PESSOAS

# Dicas de vendas de Dale Carnegie

Eis nove dicas de vendas baseadas nos princípios elaborados por Dale Carnegie:[15]

1. **Sorria.** Dale dava a isso o nome de "um jeito simples de deixar uma boa primeira impressão". Todo encontro comercial – em torno de uma mesa, na porta da casa do cliente e até pelo telefone – deve começar com um sorriso. "Atitudes", observou Dale, "falam mais alto que palavras. E um sorriso diz: 'Gosto de você.'"

2. **Escute.** Clientes e consumidores querem ouvir o que você tem a dizer, mas primeiro querem que você ouça o que *eles* têm a dizer. Além disso, leve em conta o seguinte: como você, enquanto representante de vendas, pode saber o que o cliente quer se não dá a ele a chance de contar?

3. **Desperte um "desejo ardente".** Soa quase poético. Dale citava Harry A. Overstreet como quem lhe deu essa ideia. Overstreet dizia: "A ação provém de nossos desejos fundamentais." Se você for dono de uma loja de iscas, entenda que o cliente não quer comprar minhocas; ele quer pegar peixes. Venda de acordo.

4. **Use nomes.** Decore o nome de seus funcionários, clientes e prospectos assim que eles entrarem no seu círculo de negócios. Depois de decorá-los, use-os. O princípio de Dale aqui é simples: o nome de alguém é, para a pessoa, o som mais agradável e mais importante de qualquer idioma.

5. **Evite bate-boca.** Essa dica parece quase desnecessária, mas um grande número de vendedores, às vezes por excesso de zelo, se envolve em discussões com clientes que demonstram resistência ou dizem preferir outra marca. Dale dizia: "O único jeito de ganhar uma discussão é evitá-la." Respeite a opinião do cliente. Não critique, não condene, não reclame. Você logo terá a oportunidade de gabar-se da sua oferta.

6. **Quando for apropriado, peça desculpas.** Caso em algum momento de uma venda ou uma apresentação você descubra que cometeu um erro, não invente desculpas. Diga que lamenta e faça isso de forma enfática, dizia Dale. Então siga em frente. Você vai se surpreender com a rapidez com que todo o episódio será esquecido. Caso você insista em uma argumentação que contém um erro, só vai arrastar o problema.

7. **Deixe o cliente vender para si mesmo.** Em geral, ninguém gosta que lhe digam o que fazer ou o que comprar. Forneça as informações e seja solícito, mas deixe o cliente tomar a decisão. Você consegue isso fazendo perguntas e conduzindo a conversa até que o cliente se dê conta de que o seu produto ou serviço é a solução que ele vinha procurando.

8. **Pergunte o que atrai o cliente.** Ao discutir seu produto, coloque a discussão em termos que apelem para os interesses

do seu cliente. Por mais que seu produto seja o maior, o mais rápido e o mais confiável do mercado, se o cliente não vir os benefícios que trará para ele, você não conseguirá vendê-lo.

9. **Dramatize suas ideias.** Isso tem menos a ver com interação humana e mais com um talento para o teatro. Não tenha medo de ser um pouco teatral, desde que seja sincero e não induza as pessoas ao erro. Dale contava, por exemplo, a história de um vendedor de caixas registradoras que disse a um comerciante que as registradoras dele eram tão antigas que era como se ele estivesse literalmente jogando dinheiro fora. Ao dizer isso, o vendedor jogou no chão um punhado de moedas. Ele conseguiu a venda.

# Prova final

Autoavalie quanto você sente ter dominado os seguintes conceitos-chave de *Venda!*.

### Declaração de credibilidade

1 ————— 2 ————— 3 ————— 4 ————— 5

Qual é mesmo o
título deste livro?

Hum,
me sinto ok.

Já sou mestre.

### Perguntas de qualificação

1 ————— 2 ————— 3 ————— 4 ————— 5

Qual é mesmo o
título deste livro?

Hum,
me sinto ok.

Já sou mestre.

### Declaração da agenda

1 ————— 2 ————— 3 ————— 4 ————— 5

Qual é mesmo o
título deste livro?

Hum,
me sinto ok.

Já sou mestre.

### Gestão de percepções erradas

1 ————— 2 ————— 3 ————— 4 ————— 5

Qual é mesmo o
título deste livro?

Hum,
me sinto ok.

Já sou mestre.

## Questionamento

1 ———————— 2 ———————— 3 ———————— 4 ———————— 5

Qual é mesmo o
título deste livro?

Hum,
me sinto ok.

Já sou mestre.

## Declaração-resumo

1 ———————— 2 ———————— 3 ———————— 4 ———————— 5

Qual é mesmo o
título deste livro?

Hum,
me sinto ok.

Já sou mestre.

## Fatos, benefícios e aplicações

1 ———————— 2 ———————— 3 ———————— 4 ———————— 5

Qual é mesmo o
título deste livro?

Hum,
me sinto ok.

Já sou mestre.

## Evidências

1 ———————— 2 ———————— 3 ———————— 4 ———————— 5

Qual é mesmo o
título deste livro?

Hum,
me sinto ok.

Já sou mestre.

## Compromisso com a experiência

1 ———————— 2 ———————— 3 ———————— 4 ———————— 5

Qual é mesmo o
título deste livro?

Hum,
me sinto ok.

Já sou mestre.

## Respostas às objeções

1 ———————— 2 ———————— 3 ———————— 4 ———————— 5

Qual é mesmo o
título deste livro?

Hum,
me sinto ok.

Já sou mestre.

## Pintar um panorama verbal

1 ——————— 2 ——————— 3 ——————— 4 ——————— 5

Qual é mesmo o
título deste livro?

Hum,
me sinto ok.

Já sou mestre.


## Fechar uma venda

1 ——————— 2 ——————— 3 ——————— 4 ——————— 5

Qual é mesmo o
título deste livro?

Hum,
me sinto ok.

Já sou mestre.


## Fazer o follow-up / manter contato

1 ——————— 2 ——————— 3 ——————— 4 ——————— 5

Qual é mesmo o
título deste livro?

Hum,
me sinto ok.

Já sou mestre.


## Pedir uma indicação

1 ——————— 2 ——————— 3 ——————— 4 ——————— 5

Qual é mesmo o
título deste livro?

Hum,
me sinto ok.

Já sou mestre.


## Tornar-se um conselheiro de confiança

1 ——————— 2 ——————— 3 ——————— 4 ——————— 5

Qual é mesmo o
título deste livro?

Hum,
me sinto ok.

Já sou mestre.

# A caixa de ferramentas de Dale Carnegie

## Proposição única de valor

Quase todo produto ou serviço no mercado atualmente tem concorrência. As pessoas podem até achar que a sua solução pode ser substituída pela que os concorrentes oferecem. *Você* sabe o que diferencia a sua solução, mas o cliente sabe? Ter uma compreensão firme da sua *proposição única de valor* (PUV) permitirá a você explicar rapidamente por que a *sua* solução é a melhor.

Sua PUV precisa:

- Diferenciar sua solução das dos concorrentes.
- Explicar o que você oferece que os outros não oferecem.
- Identificar o que torna sua solução a melhor.

Além de identificar a PUV da sua solução, pense no que o torna singular como vendedor. Escreva sua PUV pessoal:

- Por que é tão bom fazer negócio com você?
- Qual é o seu diferencial?
- Como, com sua atitude, você vai desempenhar um papel?

# Ficha de declaração de credibilidade

Nome do prospecto:
Informações pré-abordagem:

**1. Panorama geral dos benefícios que você proporciona:**

_____

_____

_____

**2. Resultados específicos de valor que você agregou aos seus clientes:**

_____

_____

_____

**3. Formas de sugerir que benefícios semelhantes são possíveis:**

_____

_____

_____

**4. Transição:**

_____

_____

_____

## Frase poderosa para marcar a reunião

Para pedir um encontro, elabore sua própria *frase poderosa*. É algo mais ou menos assim:

1. Motivo do contato, relacionado às questões-chave.
2. Breve declaração a respeito de como você tem resolvido problemas parecidos com os do cliente.
3. O pedido de uma reunião ou de permissão para fazer perguntas.

## Perguntas de qualificação

Tendo obtido consentimento para aprofundar a conversa, pense em perguntas que o ajudem a sondar se você está conversando com um cliente qualificado. Isso reduzirá o tempo gasto marcando reuniões com pessoas que provavelmente não farão a compra ou não têm autoridade para fazê-la.

Existem cinco tipos de pergunta de qualificação. As perguntas que você fará dependerão do seu ramo. Sempre que possível, elas devem se basear em sua pesquisa pré-abordagem.

### 1. Pergunta de permissão

"Obrigado por ter concordado com esta reunião. Para verificar se temos uma boa solução para você, posso fazer algumas perguntas?"

### 2. Pergunta de necessidade

"No seu site, vi que uma das suas iniciativas atuais é (…). Você está fazendo esta compra para se preparar para isso?"

### 3. Pergunta de quantidade

"Quanto você usa (…) por trimestre?"

### 4. Pergunta de orçamento

"Com que tipo de orçamento você está trabalhando?" (Essa pergunta pode disparar um alarme no cliente. Não a faça antes de ganhar confiança e credibilidade, e busque encontrar, se possível, formas de obter a informação sem pedi-la diretamente.)

### 5. Pergunta de autoridade

"Além de você, quem mais está envolvido no processo de tomada de decisões? Teria como convidar essas pessoas para a nossa reunião?"

Defina os tipos de pergunta que você faria ao prospecto e em seguida as elabore com base nessas categorias:

**Tipo de pergunta**

_____

_____

**Tipo de pergunta**

_____

_____

Tipo de pergunta

---

---

Tipo de pergunta

---

---

Tipo de pergunta

---

---

## Modelo de Questionamento

Elabore suas próprias perguntas para cada tipo de questionamento:

**Benefícios**

---

---

**Como deveria ser**

---

---

**Mudança**

_____

_____

**Como é hoje**

_____

_____

## Fechamento da experiência

Escreva frases de fechamento da experiência com as quais você se sinta confortável:

**Fechamento da experiência 1**

_____

_____

_____

**Fechamento da experiência 2**

_____

_____

_____

**Fechamento da experiência 3**

_____

_____

_____

_____

**Fechamento da experiência 4**

_____

_____

_____

_____

## Ficha de panorama verbal

Cliente:
Interesse principal:
Motivo individual:

1. Relembre ao cliente que ele carece dos benefícios da sua solução e obtenha a concordância dele.

_____

_____

_____

_____

2. Relembre ao cliente que sua solução trará tal benefício.

_____

_____

_____

3. Pinte um panorama verbal.

_____

_____

_____

_____

4. Feche a venda.

_____

_____

_____

## Ficha da fórmula mágica

**HISTÓRIA 1**

Incidente

_____

_____

_____

Ação

Benefício

## HISTÓRIA 2

Incidente

Ação

Benefício

## HISTÓRIA 3

Incidente

Ação

Benefício

## HISTÓRIA 4

Incidente

Ação

Benefício

## HISTÓRIA 5
Incidente

Ação

Benefício

# Ficha de obtenção do compromisso

Por mais desconfortável que seja propor o fechamento da venda, caso você tenha sabido construir a relação, esse será um passo tranquilo. Aplique um método que dê a sensação de naturalidade.

## A pergunta direta

Muitas vezes, o melhor jeito de fechar a venda é ser direto: "Você se sente pronto para ir adiante com a decisão agora?"

_____

_____

_____

_____

## O método das alternativas

Peça ao cliente que escolha uma de duas opções.

_____

_____

_____

_____

## O método da decisão menor

Peça ao cliente que tome uma decisão menor que indique que a decisão maior, relacionada à compra, já foi tomada.

_____

_____

_____

_____

## O método do próximo passo

Suponha que a venda já foi feita e pule a parte da proposta para fechar negócio, indo direto às últimas providências.

_____

_____

_____

_____

## O método da oportunidade

Apresente ao cliente uma breve janela de oportunidade em que as opções estejam disponíveis.

_____

_____

_____

_____

## O método da balança

Se o cliente ainda tiver dúvidas em relação à compra, mostre a ele como o retorno do investimento supera o custo: "Vamos colocar na balança as questões que ainda o deixam em dúvida e o que você vai ganhar se seguir adiante."

---

## Ficha de pedido de indicação

### Abertura

Reconecte o cliente com seus benefícios específicos. "Fico feliz por termos conseguido ajudar sua equipe a aumentar a produtividade e a reduzir o número de silos e de conflitos."

# Alternativas para solicitar uma indicação B2B

## Outros setores com questões parecidas

"Problemas de comunicação, em geral, costumam estar disseminados por toda uma organização. Que outros departamentos poderiam se beneficiar de uma melhoria na comunicação?"

_____

_____

_____

## Apoie sua organização

"Sei que vocês querem obter mais reconhecimento de sua equipe executiva. Ser capaz de oferecer uma solução para uma questão organizacional chave pode valorizar seu perfil."

_____

_____

_____

## Impacto organizacional

"Que tipo de diferença faria se outros departamentos operassem no mesmo patamar em que sua equipe está agora?"

_____

_____

_____

**Opções para pedir uma indicação B2B**

Descreva o perfil dos seus clientes.

"Em geral, trabalhamos com pessoas que buscam (…)."

_____

_____

_____

_____

"O que vem à sua mente?"

_____

_____

_____

_____

## Fechamento

Peça uma apresentação:

"Vocês poderiam falar antecipadamente com eles para avisar que vou entrar em contato?"

_____

_____

_____

_____

# Sua vez

**Abertura**

_____

_____

_____

_____

**Pedido de indicação**

_____

_____

_____

_____

**Fechamento**

_____

_____

_____

_____

# Agradecimentos

Gostaríamos de agradecer aos seguintes colaboradores da Dale Carnegie e Associados, citados neste livro:

Joe Hart, presidente e CEO
Dan Heffernan, diretor-geral de vendas
Noha El Daly, diretora comercial sênior e treinadora master global
David Wright, sócio-gerente, Austin e Houston, Texas
Jessie Wilson, treinador sênior e consultor, Arkansas e Memphis, Tennessee
Dr. Greg Story, sócio-gerente, Tóquio, Japão
Matt Norman, sócio-gerente, Minnesota, Iowa e Nebraska
Herb Escher, sócio-gerente, Rochester, Nova York
Rick Gallegos, sócio-gerente, Tampa, Flórida
Jonathan Vehar, vice-presidente de produtos
Neville De Lucia, sócio-gerente, África do Sul
John Rodgers, sócio-gerente, Pittsburgh e Cleveland
Pallavi Jha, sócio-gerente, Índia
Seth Mohorn, sócio-gerente, Arkansas e Memphis, Tennessee
Michael Crom, comitê de direção, Dale Carnegie e Associados
Terry Siebert, sócio sênior, Madison, Wisconsin
Mark Marone, diretor de reflexão sobre liderança

# Notas

1 BETROS, Chris. "Dale Carnegie Training Stands the Test of Time". *Japan Times*, 17 set. 2018. Disponível em: <https://japantoday.com/category/features/executive-impact/Dale-Carnegie-Training-stands--the-test-of-time-new-technology>.

2 "Dale Carnegie Discovered 'How to Win Friends and Influence People' in Harlem, 1911". *Harlem World*, 26 nov. 2017. Disponível em: <https://www.harlemworldmagazine.com/dale-carnegie-discovered--win-friends-influence-people-harlem-1911>.

3 MAYER, Roger *et al.* "An Integrative Model of Organizational Trust". *The Academy of Management Review*, v. 20, n. 3, jul. 1995, pp. 709-34.

4 STORY, Greg. *The Sales Japan Series with Dr. Greg Story*. Disponível em: <https://itunes.apple.com/us/podcast/the-sales-japan-series-by--dale-carnegie-training-japan/id1172353048?mt=2>. Acesso em: 28 abr. 2019.

5 "Credibility Statement: How to Build Credibility?". *Dale Carnegie Lessons*. Disponível em: <http://dalecarnegielesson.blogspot.com/2011/06/credibility-statement.html>. Acesso em: 28 abr. 2019.

6 NORMAN, Matt. "How a Lyft Ride Reminded Me of the Importance of Helping Others". Site pessoal, 4 fev. 2019. Disponível em: <https://www.mattnorman.com/importance-of-helping-others>.

7 TORRE, John. "How to Improve Your Cold-Calling Skills". Site do Dale Carnegie Training de Michigan, 22 jul. 2013. Disponível em: <http://www.dalecarnegiewaymi.com/2013/07/22/how-to-improve-your--cold-calling-skills>.

8 NORMAN, Matt. "The Power of the Pause". Site pessoal, 14 ago. 2018. Disponível em: <https://www.mattnorman.com/pause>.

9 SIEBERT, Terry. "Responding (Not Reacting) to Objections, Part 1". *Greater Madison InBusiness*, 15 set. 2011. Disponível em: <https://www.ibmadison.com/Blogger/Leader-to-Leader/September-2011/Responding-not-reacting-to-objections-part-1-0>.

10 TORRE, John. "Six Tips for Effective Negotiations". Site da Dale Carnegie Training do Centro e Sul de Nova Jersey, 14 set. 2011. Disponível em: <http://www.dalecarnegiewaynj.com/2011/07/14/6-tips-for-effective-negotiations>.

11 NORMAN, Matt. "When a Joke Humiliates: The Negative Impact of Offensive Humor". Site pessoal, 15 nov. 2019. Disponível em: <https://www.mattnorman.com/offensive-humor>.

12 TORRE, John. "Nine Customer Service Tips for After the Sale". Site da Dale Carnegie Training do Centro de Ohio, 29 abr. 2013. Disponível em: <http://dalecarnegiewayohio.com/2013/04/29/nine-customer-service-tips-for-after-the-sale>.

13 "Sales Tips from the Vice President of Dale Carnegie Training". Site da Dale Carnegie Training da Filadélfia, 28 jun. 2011. Disponível em: <http://www.dalecarnegiewayphilly.com/2011/06/28/sales-tips-from--the-vice-president-of-dale-carnegie-training>.

14 TAWAKOL, Omar. "The Importance of Workplace Attention–and How to Control Workplace Distractions". *Forbes*, 22 jan. 2019. Disponível em: <https://www.forbes.com/sites/forbestechcouncil/2019/01/22/the--importance-of-attention-intelligence-and-how-to-control-workplace-distractions>.

15 PARKER, Tim. "Nine Sales Tips from Dale Carnegie". Site do QuickBooks Resource Center. Disponível em: <https://quickbooks.intuit.com/r/marketing/9-sales-tips-from-dale-carnegie>. Acesso em: 28 abr. 2019.

# CONHEÇA ALGUNS DESTAQUES DE NOSSO CATÁLOGO

- Augusto Cury: Você é insubstituível (2,8 milhões de livros vendidos), Nunca desista de seus sonhos (2,7 milhões de livros vendidos) e O médico da emoção
- Dale Carnegie: Como fazer amigos e influenciar pessoas (16 milhões de livros vendidos) e Como evitar preocupações e começar a viver
- Brené Brown: A coragem de ser imperfeito – Como aceitar a própria vulnerabilidade e vencer a vergonha (600 mil livros vendidos)
- T. Harv Eker: Os segredos da mente milionária (2 milhões de livros vendidos)
- Gustavo Cerbasi: Casais inteligentes enriquecem juntos (1,2 milhão de livros vendidos) e Como organizar sua vida financeira
- Greg McKeown: Essencialismo – A disciplinada busca por menos (400 mil livros vendidos) e Sem esforço – Torne mais fácil o que é mais importante
- Haemin Sunim: As coisas que você só vê quando desacelera (450 mil livros vendidos) e Amor pelas coisas imperfeitas
- Ana Claudia Quintana Arantes: A morte é um dia que vale a pena viver (400 mil livros vendidos) e Pra vida toda valer a pena viver
- Ichiro Kishimi e Fumitake Koga: A coragem de não agradar – Como se libertar da opinião dos outros (200 mil livros vendidos)
- Simon Sinek: Comece pelo porquê (200 mil livros vendidos) e O jogo infinito
- Robert B. Cialdini: As armas da persuasão (350 mil livros vendidos)
- Eckhart Tolle: O poder do agora (1,2 milhão de livros vendidos)
- Edith Eva Eger: A bailarina de Auschwitz (600 mil livros vendidos)
- Cristina Núñez Pereira e Rafael R. Valcárcel: Emocionário – Um guia lúdico para lidar com as emoções (800 mil livros vendidos)
- Nizan Guanaes e Arthur Guerra: Você aguenta ser feliz? – Como cuidar da saúde mental e física para ter qualidade de vida
- Suhas Kshirsagar: Mude seus horários, mude sua vida – Como usar o relógio biológico para perder peso, reduzir o estresse e ter mais saúde e energia

# CONHEÇA OS LIVROS DE DALE CARNEGIE

Como fazer amigos e influenciar pessoas

Como evitar preocupações e começar a viver

Como fazer amigos e influenciar pessoas na era digital

Como falar em público e encantar as pessoas

Como se tornar inesquecível

Como ser bem-sucedido nos dias de hoje

Como desfrutar sua vida e seu trabalho

As 5 habilidades essenciais dos relacionamentos

Liderança

Escute!

Venda!

Conecte-se!

Para saber mais sobre os títulos e autores da Editora Sextante,
visite o nosso site e siga as nossas redes sociais.
Além de informações sobre os próximos lançamentos,
você terá acesso a conteúdos exclusivos
e poderá participar de promoções e sorteios.

sextante.com.br